Auditoria das demonstrações contábeis

Central de Qualidade — FGV Management
ouvidoria@fgv.br

PUBLICAÇÕES
FGV Management

SÉRIE GESTÃO FINANCEIRA, CONTROLADORIA E AUDITORIA

Auditoria das demonstrações contábeis

2ª edição

José Hernandez Perez Junior

Antonio Miguel Fernandes

Antonio Ranha

José Carlos Oliveira de Carvalho

Direitos desta edição reservados à
EDITORA FGV
Rua Jornalista Orlando Dantas, 37
22231-010 — Rio de Janeiro, RJ — Brasil
Tels.: 0800-021-7777 — 21-3799-4427
Fax: 21-3799-4430
e-mail: editora@fgv.br — pedidoseditora@fgv.br
web site: www.fgv.br/editora

Impresso no Brasil / Printed in Brasil

Os conceitos emitidos neste livro são de inteira responsabilidade dos autores.

1ª edição — 2007 ; 1ª reimpressão — 2008; 2ª e 3ª reimpressões — 2009; 4ª reimpressão — 2010; 2ª edição — 2011; 1ª reimpressão — 2011; 2ª, 3ª e 4ª reimpressões — 2012; 5ª e 6ª reimpressões — 2013; 7ª e 8ª reimpressões — 2014; 9ª reimpressão — 2015; 10ª reimpressão — 2016; 11ª e 12ª reimpressões — 2017.

Preparação de originais: Ana Paula Dantas
Editoração eletrônica: FA Editoração Eletrônica
Revisão: Andrea Bivar e Sandro Gomes
Capa: aspecto: design
Ilustração de capa: André Bethlem

Perez Junior, José Hernandez
    Auditoria das demonstrações contábeis / José Hernandez Perez Junior... [et al.]. — 2. ed. — Rio de Janeiro : Editora FGV, 2011.
    184 p. — (Gestão financeira, controladoria e auditoria (FGV management))

    Em colaboração com Antonio Miguel Fernandes, Antonio Ranha, José Carlos Oliveira de Carvalho
    Publicações FGV Management.
    Inclui bibliografia
    ISBN: 978-85-225-0864-8

    1. Auditoria. 2. Auditoria — Normas. I. Fernandes, Antonio Miguel. II. Ranha, Antonio. III. Carvalho, José Carlos Oliveira de. IV. FGV Management. V. Fundação Getulio Vargas. VI. Título. VII. Série.

                                        CDD-657.45

Aos nossos alunos, que muito nos ensinam.

Sumário

Apresentação

Este livro compõe as Publicações FGV Management, programa de educação continuada da Fundação Getulio Vargas (FGV).

Instituição de direito privado com mais de meio século de existência, a FGV vem gerando conhecimento por meio da pesquisa, transmitindo informações e formando habilidades por meio da educação, prestando assistência técnica às organizações e contribuindo para um Brasil sustentável e competitivo no cenário internacional.

A estrutura acadêmica da FGV é composta por oito escolas e institutos: a Escola Brasileira de Administração Pública e de Empresas (Ebape), dirigida pelo professor Flavio Carvalho de Vasconcelos; a Escola de Administração de Empresas de São Paulo (Eaesp), dirigida pela professora Maria Tereza Leme Fleury; a Escola de Pós-Graduação em Economia (EPGE), dirigida pelo professor Rubens Penha Cysne; o Centro de Pesquisa e Documentação de História Contemporânea do Brasil (Cpdoc), dirigido pelo professor Celso Castro; a Escola de Direito de São Paulo (Direito GV), dirigida pelo professor Ary Oswaldo Mattos Filho; a Escola de Direito do Rio de Janeiro (Direito Rio), dirigida pelo professor Joaquim Falcão; a Escola de Economia de São Paulo (Eesp), dirigida pelo professor Yoshiaki Nakano; o Instituto Brasileiro de Economia (Ibre), dirigido pelo professor Luiz Guilherme Schymura de Oliveira. São diversas unidades com a marca FGV, trabalhando com a mesma filosofia: gerar e disseminar o conhecimento pelo país.

Dentro de suas áreas específicas de conhecimento, cada escola é responsável pela criação e elaboração dos cursos oferecidos pelo Instituto de Desenvolvimento Educacional (IDE), criado em 2003 com o objetivo de coordenar e gerenciar uma rede de distribuição única para os produtos e serviços educacionais da FGV, por meio de suas escolas. Dirigido pelo professor Clovis de Faro e contando com a direção acadêmica do professor Carlos Osmar Bertero, o IDE engloba o programa FGV Management e sua rede conveniada, distribuída em todo o país (ver www.fgv.br/fgvmanagement), o programa de ensino a distância FGV Online (ver www.fgv.br/fgvonline), a Central de Qualidade e Inteligência de Negócios e o Programa de Cursos Corporativos In Company. Por meio de seus programas, o IDE desenvolve soluções em educação presencial e a distância e em treinamento corporativo customizado, prestando apoio efetivo à rede FGV, de acordo com os padrões de excelência da instituição.

Este livro representa mais um esforço da FGV em socializar seu aprendizado e suas conquistas. Ele é escrito por professores do FGV Management, profissionais de reconhecida competência acadêmica e prática, o que torna possível atender às demandas do mercado, tendo como suporte sólida fundamentação teórica.

A FGV espera, com mais essa iniciativa, oferecer a estudantes, gestores, técnicos — a todos, enfim, que têm internalizado o conceito de educação continuada, tão relevante nesta era do conhecimento — insumos que, agregados às suas práticas, possam contribuir para sua especialização, atualização e aperfeiçoamento.

Clovis de Faro
Diretor do Instituto de Desenvolvimento Educacional

Ricardo Spinelli de Carvalho
Diretor Executivo do FGV Management

Sylvia Constant Vergara
Coordenadora das Publicações FGV Management

Introdução

A expressão "demonstrações contábeis" é utilizada para referir-se às informações contábeis que, no Brasil, abrangem o balanço patrimonial e as demonstrações do resultado, das mutações do patrimônio líquido e das origens e aplicações de recursos ou outras aplicáveis a setores específicos de atividade ou requeridas por órgãos reguladores, que, juntamente com as notas explicativas correspondentes, formam um conjunto de dados e informações básicas sobre os quais o auditor emite seu parecer. Entretanto, a legislação societária e, posteriormente, a legislação fiscal e outras consagraram o uso da expressão "demonstrações financeiras" para o mesmo conjunto de informações. Assim, a expressão "demonstrações financeiras" tem exatamente o sentido da expressão "demonstrações contábeis" e vice-versa. Por ser considerada tecnicamente mais adequada, neste livro será adotada a expressão "demonstrações contábeis".

As Leis nos 11.638/07 e 11.941/09 alteraram a Lei no 6.404/76 (Lei das Sociedades por Ações) com o objetivo de harmonizar as práticas contábeis brasileiras com as normas contábeis internacionais (International Financial Reporting Standards — IFRS) emitidas pelo organismo contábil internacional (International Accounting Standards Board — IASB). Para viabilizar o processo de convergência e centralizar a emissão de normas contábeis brasileiras foi criado o Comitê de Pronunciamentos Contábeis (CPC).

Paralelamente ao processo de convergência das normas contábeis foi iniciado o mesmo das normas brasileiras de auditoria para as normas internacionais de auditoria emitidas pela International Federation of Accountants (Ifac, EUA). Desse processo resultou a reformulação das normas de auditoria brasileiras, inclusive do texto do parecer dos auditores independentes que passaram a vigorar a partir de 1 de janeiro de 2010.

O objetivo deste livro é possibilitar aos leitores uma visão geral da atividade de auditoria, com ênfase na auditoria de demonstrações contábeis. Ele está estruturado em cinco capítulos.

O primeiro capítulo trata da origem e evolução da auditoria, tanto no ambiente internacional quanto no nacional. Apresenta os vários tipos de auditoria e os profissionais que a executam, que podem ser auditores internos ou externos. Também aborda aspectos relativos às exigências legais e regulatórias de auditoria independente.

O segundo capítulo aborda as normas aplicáveis às atividades de auditoria independente, identificando os organismos nacionais e internacionais responsáveis pela emissão e os principais pronunciamentos que definem as normas relativas ao profissional da auditoria, com destaque de exigências, como a competência técnico-profissional, o treinamento e aperfeiçoamento constantes, a independência mental e o zelo profissional. Também introduz o leitor às normas relativas à execução dos trabalhos de auditoria.

O terceiro capítulo detalha as técnicas de execução dos trabalhos de auditoria com ênfase nos fatores que devem ser considerados no planejamento dos trabalhos de auditoria, tais como identificação das principais características e operações da empresa objeto de auditoria, dos riscos envolvidos no trabalho e nos itens mais relevantes das demonstrações contábeis e a identificação dos procedimentos de auditoria e as circunstâncias em que devem ser aplicados.

O quarto capítulo aborda a evidência da execução dos trabalhos de auditoria documentada nos papéis de trabalho e os instrumentos utilizados pelo auditor, como os programas de auditoria. Também aborda a importância e as técnicas de avaliação e testes do controle interno.

O quinto capítulo aborda o principal relatório de auditoria, identificando os tipos de parecer emitidos pelos auditores independentes, apresentando as circunstâncias em que devem ser emitidos, a forma de redação que deve ser aplicada e sua interpretação.

A conclusão apresenta uma síntese do que foi abordado ao longo do livro e sua importância para os usuários dos trabalhos e relatórios de auditoria de demonstrações contábeis.

1

Noções gerais sobre auditoria

Neste capítulo serão abordados os principais aspectos relacionados às atividades de auditoria, como tipos de auditoria, responsabilidade dos auditores, órgãos responsáveis pelo controle e fiscalização das firmas de auditoria e principais usuários.

Também serão identificadas as empresas que, por força de lei ou por desenvolverem atividades regulamentadas pelo governo, estão sujeitas à auditoria independente de suas demonstrações contábeis.

Origem e evolução da auditoria no contexto internacional

A prática da auditoria atual provém do final do século XVIII na Inglaterra como consequência das transformações econômicas ocorridas naquele período (Revolução Industrial).

A influência britânica na economia e na prática contábil dos EUA, em função da origem do povo que fundou o país e do seu próprio crescimento durante o século XX, especialmente após a II Guerra Mundial, explica as metodologias, as práticas adotadas e as responsabilidades vigentes para os auditores e as firmas de auditoria em todo o planeta.

A prática inglesa de auditoria que teve o seu início focado na fiscalização de tributos evoluiu para a avaliação das práticas contábeis, a aferição das transações (fatos contábeis) e se complementou como instrumento de validação do ambiente de controle interno praticado pelas entidades auditadas.

A quebra da Bolsa de Valores de Nova York em 1929 também contribuiu para o desenvolvimento das práticas de auditoria pois os investidores passaram a exigir maior segurança e credibilidade das demonstrações contábeis para voltarem a investir em ações de companhias abertas.

No Brasil, a partir da década de 1960, diversas firmas de auditoria instalaram-se com associações internacionais de auditoria externa. Isso ocorreu em função da necessidade legal, principalmente nos EUA, de os investimentos no exterior serem auditados. Essas empresas, praticamente, iniciaram a auditoria no Brasil e trouxeram todo um conjunto de técnicas de auditoria, que posteriormente foram aperfeiçoadas. Somente em 1965, por meio da Lei nº 4.728, que disciplina o mercado de capitais e estabelece medidas para o seu desenvolvimento, pela primeira vez foi mencionada na legislação brasileira a expressão "auditores independentes".

Posteriormente, o Banco Central do Brasil (BCB) estabeleceu uma série de regulamentos, tornando obrigatória a auditoria externa ou independente em quase todas as entidades integrantes do Sistema Financeiro Nacional (SFN) e companhias abertas, pois somente em 1976 foi criada a Comissão de Valores Mobiliários (CVM) com o objetivo de fiscalizar as companhias abertas. O BCB estabeleceu também, por meio da Circular nº 179, de 11 de maio de 1972, as normas gerais de auditoria. A Resolução nº 321/72 do Conselho Federal de Contabilidade (CFC) aprovou as normas e os procedimentos de auditoria, que foram elaborados pelo Instituto dos Auditores Independentes do Brasil (Iaib), atualmente denominado Instituto dos Auditores Independentes do Brasil (Ibracon).

Em 1976, com o surgimento da Lei das Sociedades por Ações (Lei nº 6.404/76, art. 177), as demonstrações financeiras ou contábeis das companhias abertas (ações negociadas em Bolsa de Valores) passaram a ser obrigatoriamente auditadas por auditores independentes com registro na Comissão de Valores Mobiliários (CVM).

A atividade de auditoria no Brasil, além de observar as legislações específicas, deve seguir as Normas Brasileiras de Contabilidade e de auditoria emitidas pelo Conselho Federal de Contabilidade, conforme o leitor poderá observar no capítulo 2.

Os principais órgãos que regulam e fiscalizam as atividades de auditoria no Brasil, além do sistema CFC/CRC, são a Comissão de Valores Mobiliários (CVM), o Banco Central do Brasil (Bacen) e a Superintendência de Seguros Privados (Susep), que emitem resoluções, instruções, deliberações, circulares, disciplinando a atividade.

Como exemplo, mencionamos a Instrução CVM nº 38, de 13 de setembro de 1984, que dispõe sobre a hipótese de impedimento da realização do serviço de auditoria, em virtude de falta de independência do auditor em relação à companhia a ser auditada, em função de vínculo conjugal, de parentesco, com sócio, com administrador ou qualquer outra situação de conflito de interesses.

Mais recentemente, a CVM emitiu a Resolução nº 308/99 que, de forma abrangente, estabelece as condições gerais para o exercício da auditoria independente no âmbito do mercado de capitais.

Em complemento ao estudo da origem e evolução da auditoria, vejamos a seguir seus objetivos.

Objetivos da auditoria

A necessidade de auditoria independente surge num momento em que se faz a separação entre o dono da empresa e a figura do administrador da empresa. Quando o dono é o próprio administrador, ele sabe exatamente o que ocorre na sua empresa. Quando surge a figura do administrador profissional, o dono dessa empresa fica sem saber exatamente o que está ocorrendo. Sendo assim, surge a figura da auditoria, ou seja, auditar = fiscalizar = controlar.

O principal objetivo da auditoria é a emissão de um parecer sobre a adequação das demonstrações contábeis em relação às práticas contábeis adotadas no Brasil que compreendem:

❏ a legislação societária brasileira — Lei nº 6.404/76, art. 177; princípios contábeis geralmente aceitos (PCGA);

❏ os pronunciamentos, as interpretações e as orientações emitidos pelo Comitê de Pronunciamentos Contábeis (CPC) homologados pelos órgãos reguladores; e

❏ as práticas adotadas pelas entidades em assuntos não regulados, desde que atendam ao *Pronunciamento conceitual básico estrutura conceitual para a elaboração e apresentação das demonstrações contábeis* emitido pelo CPC e, por conseguinte, em consonância com as normas contábeis internacionais.

A constatação da adequação das demonstrações contábeis é realizada por meio da verificação do cumprimento dos princípios fundamentais da contabilidade e as práticas contábeis em vigor no Brasil; e da legislação aplicável a cada setor regulamentado. Por exemplo, instituições financeiras e companhias de seguro.

De acordo com o CFC, a auditoria das demonstrações contábeis constitui o conjunto de procedimentos técnicos que tem por objetivo a emissão de parecer sobre a sua adequação, consoante as práticas contábeis adotadas no Brasil e as Normas

Brasileiras de Contabilidade e, no que for pertinente, a legislação específica. Na ausência de disposições específicas, prevalecem as práticas já consagradas pela profissão contábil, formalizadas ou não pelos seus organismos próprios.

Vale ressaltar que o parecer do auditor independente tem por limite os próprios objetivos da auditoria das demonstrações contábeis e não representa, pois, garantia de viabilidade futura da entidade ou algum tipo de atestado de eficácia da administração na gestão dos negócios, sendo de exclusiva responsabilidade de contador registrado no Conselho Regional de Contabilidade.

Para o auditor emitir um parecer afirmando que as demonstrações contábeis estão corretas ou erradas, existe a necessidade de o auditor aplicar dois grandes conjuntos de procedimentos que serão estudados nos próximos capítulos deste livro.

O trabalho dos auditores está sujeito à fiscalização do Conselho Federal de Contabilidade e, no caso de auditores de companhias abertas, também à fiscalização e normas emitidas pela Comissão de Valores Mobiliários, conforme será apresentado a seguir.

Supervisão e controle de qualidade dos trabalhos de auditoria

Considerando que não existe percentual estabelecido para aplicação de testes e que o trabalho do auditor é estabelecido em critérios um pouco subjetivos, o CFC e a CVM estabeleceram como deve ser o controle de qualidade dos trabalhos de auditoria.

Entre os procedimentos de controle, o auditor deve submeter seu trabalho à revisão de outro auditor. É a chamada "revisão dos pares".

Essa revisão avalia a adequação dos trabalhos realizados pelo auditor (o percentual de testes aplicados, os critérios para circularização, a equipe de auditoria etc.). No final da revisão, o auditor emite um parecer de auditoria (com ressalva, sem ressalva, adverso, abstenção de opinião) do sistema de qualidade. Essa revisão é feita somente para os auditores cadastrados na CVM. O revisor, depois que conferir o sistema de controle interno da firma de auditoria, deve emitir parecer e enviar uma cópia para a auditoria revisada e outra para o Comitê de Revisão Externo (CRE).[1] O CRE, de posse do parecer, verifica se há a necessidade de elaborar um plano de ação para ajustar os procedimentos.

A escolha do revisor é feita pelo revisado, não podendo haver a revisão recíproca. A regra de independência é a mesma aplicada nos casos de independência entre auditor e empresa auditada. Os resultados são divulgados na imprensa, com dados estatísticos sem identificação das firmas revisadas.

Os principais objetivos da supervisão e controle de qualidade são:

❑ avaliar o cumprimento do planejamento e dos programas de trabalho;
❑ avaliar a equipe técnica e o grau de competência exigido;
❑ aplicação dos princípios fundamentais da contabilidade e Normas Brasileiras de Contabilidade;
❑ avaliar os trabalhos documentados e os objetivos dos procedimentos técnicos alcançados;
❑ avaliar se as conclusões obtidas são adequadas para fundamentar a opinião emitida.

As firmas de auditoria devem avaliar sua carteira de clientes e elaborar um relatório com as seguintes informações:

❑ soma das horas disponíveis;
❑ a independência em relação aos clientes;

---

[1] O Comitê de Revisão Externo (CRE) é composto por quatro membros do CFC e quatro membros do Ibracon (com mandato de três anos).

❑ se há medidas administrativas que possam comprometer o trabalho do auditor;
❑ avaliar rodízio de auditores de modo a resguardar a independência do auditor responsável pela execução dos serviços.

Para garantir a qualidade dos serviços de auditoria, são indispensáveis os seguintes requisitos de controle da qualidade:

❑ competência e habilidade profissionais da equipe de auditoria;
❑ independência e conduta profissional inquestionável;
❑ treinamento e experiência profissional;
❑ planejamento, supervisão e revisão do trabalho em todas as suas etapas.

Além dos controles expostos, os auditores independentes cadastrados na CVM devem se submeter a outras regras, como o rodízio de auditores que proíbe que as firmas de auditoria prestem serviços para um mesmo cliente por mais de cinco anos consecutivos e exige divulgação detalhada de serviços de consultoria que sejam prestados para os clientes por elas auditados.

Nos EUA a lei de governança corporativa conhecida por Sarbanes-Oxley proíbe que auditores prestem serviços de consultoria às empresas que sejam por eles auditadas e estabelece regras de controle e punição para auditores que não cumpram as regras estabelecidas.

Visto isso, passaremos ao estudo dos tipos de auditoria.

Tipos de auditoria

O termo auditoria é genérico, podendo ser entendido, exclusivamente, como fiscalização de alguma atividade em que serão apontados erros ou acertos em relação a uma base normativa, legal ou a um processo operacional. Sob o enfoque empresarial, a auditoria tem três grandes campos: auditoria independente ou externa, auditoria interna e auditoria fiscal (federal, estadual e municipal).

A prática de auditoria independente decorre dos métodos e procedimentos consagrados pela categoria profissional, bem como pelo acatamento às normas emanadas dos diversos órgãos contábeis e reguladores, baseando-se, também, e principalmente, em legislações nacionais.

Quanto à prática e às atividades de auditoria interna ela provém, em grande parte, dos mesmos métodos e procedimentos adotados pelos auditores externos, porém os seus objetivos são distintos. Enquanto a auditoria externa tem como objetivo as demonstrações contábeis, a auditoria interna foca a eficiência, eficácia e economicidade das operações de uma entidade. Ou seja, o seu objetivo principal é a avaliação do ambiente de controle interno de uma entidade, quer em caráter específico ou parcial, quer em caráter amplo. O exercício da auditoria interna não é exclusivamente contábil; apresenta característica multidisciplinar.

A seguir, são discriminados os três tipos de auditoria.

Auditoria independente ou externa

A auditoria independente de demonstrações contábeis tem por objetivo certificar a adequação das informações lá constantes, em face das práticas contábeis em vigor no Brasil, conforme exposto anteriormente. É dita independente em virtude do auditor responsável por sua execução não estar vinculado à entidade auditada. Por razões óbvias, não poderia ser diferente; uma vez ligado à entidade auditada, sua opinião poderia não ter tanta credibilidade. É obrigatória por força da Lei nº 6.404/76 para todas as sociedades anônimas de capital aberto e é regulamentada pelo Conselho Federal de Contabilidade, em especial por meio das Resoluções nos 820 e 821, de 1997.

Determinadas empresas regulamentadas, como seguradoras, instituições financeiras, também estão sujeitas à auditoria externa por força de normas específicas.

Auditoria interna

A auditoria interna é facultativa, em função de previsão estatutária, funcionando como instrumento de apoio à gestão e objetivando verificar se o controle interno está em efetivo funcionamento, proferindo o auditor, quando cabível, sugestões para seu aperfeiçoamento.

A auditoria operacional também é desenvolvida nas entidades por meio de um órgão de auditoria interna, normalmente subordinado ao maior nível hierárquico, conselho de administração (se houver) ou à presidência, para que os profissionais que integram tal órgão possam desfrutar de maior independência dentro da corporação.

O trabalho de auditoria interna deve ser desenvolvido com um planejamento anual de auditoria, submetido previamente ao conselho de administração ou à presidência, para conhecimento e aprovação. Nele constam as principais atividades da entidade a ser auditada a partir do maior grau de risco operacional apresentado.

As equipes devem ser formadas por profissionais com formação e experiência diversas (multidisciplinar) para que, após o trabalho de campo, que inclui discussão com os responsáveis pelas áreas auditadas, sejam produzidos relatórios encaminhados à alta administração para conhecimento e decisões.

Os relatórios deverão conter as constatações de fatos que a auditoria interna entende como incorretos ou com oportunidades de aperfeiçoamento, bem como as correspondentes recomendações ou sugestões.

A auditoria interna deverá manter um banco de dados com as constatações e recomendações contidas nos seus relatórios, catalogados por área (diretoria, departamento, divisão, gerências etc.), para que, regularmente, por meio de auditorias denominadas *follow-up*, possa saber das providências tomadas pelos responsáveis e suas consequências.

Auditoria fiscal (municipal, estadual ou federal)

A auditoria fiscal é exercida, em geral, por servidores públicos admitidos por meio de concursos públicos: auditores fiscais. Nas suas respectivas esferas, objetivam verificar a regularidade no recolhimento dos tributos (impostos, taxas e contribuições), por meio da análise das transações realizadas e documentação-suporte.

O termo auditoria aqui adotado, em verdade, substitui a verdadeira finalidade que é a de fiscalização tributária.

Auditor do Tesouro Nacional ou auditor da Fazenda Estadual são nomenclaturas diversas para o mesmo objetivo já exposto: a fiscalização por meio de programas específicos ou atendimentos a denúncias formuladas quanto ao correto cálculo dos tributos, seus recolhimentos e os cumprimentos às obrigações acessórias.

Agora que conhecemos os tipos de auditoria, vejamos os diversos serviços realizados por auditores.

Serviços de auditoria

Diversos serviços são realizados tanto por auditores internos quanto por auditores independentes. O tipo de auditor que realizará o serviço dependerá do objetivo e do usuário, conforme mencionado.

Quando o objetivo do trabalho for atendimento de exigências e usuários externos, geralmente será realizado por auditores externos para assegurar a independência e confiabilidade da opinião emitida. Quando o objetivo for o atendimento de exigências e usuários internos, poderá ser realizado tanto por auditores internos quanto externos. Dependerá da existência ou não de auditores internos.

Na década de 1980, muitas empresas eliminaram seus quadros de auditores internos e passaram a terceirizar para auditores independentes os trabalhos até então realizados pela auditoria interna.

Alguns trabalhos, conforme apresentado anteriormente, são de competência exclusiva de determinados auditores, por exemplo, auditoria de demonstrações contábeis de companhias abertas deve ser realizada por auditores independentes, enquanto a auditoria fiscal do governo é realizada pelos auditores da fazenda.

O quadro 1 sintetiza os serviços mais comumente realizados.

Quadro 1
SERVIÇOS DE AUDITORIA E SEUS OBJETIVOS

Serviços de auditoria	Objetivos	Auditor
Auditoria das demonstrações contábeis	Emissão de um parecer sobre as demonstrações contábeis da empresa em uma determinada data.	Externo
Auditoria de controle interno	Revisão sistemática das transações operacionais e do sistema de controles internos, visando à: proteção dos bens e direitos da empresa contra fraudes, desvios e desfalques; constatação de possíveis irregularidades e usos indevidos dos bens e direitos da empresa.	Interno ou externo

continua

Serviços de auditoria	Objetivos	Auditor
Auditoria operacional	Avaliação sistemática da eficácia e eficiência das atividades operacionais e dos processos administrativos, visando ao aprimoramento contínuo da eficiência e eficácia operacionais, contribuindo com soluções.	Interno ou externo
Auditoria de cumprimento normativo ou *compliance audit*	Auditoria para verificação do cumprimento/observância das normas e procedimentos implantados pela empresa ou pelos órgãos reguladores de determinadas atividades. Por exemplo, normas implantadas pelo Banco Central do Brasil a serem observadas pelas instituições financeiras para o combate do crime de "lavagem de dinheiro".	Externo
Auditoria de gestão	Trabalhos dirigidos à análise dos planos e diretrizes da empresa, objetivando mensurar a eficiência da gestão das operações e sua consistência com os planos e metas aprovados.	Interno ou externo
Auditoria de sistemas	Exames e avaliações da qualidade do sistema de computação de dados e dos controles existentes no ambiente de tecnologia da informação, visando otimizar a utilização dos recursos de computação de dados, minimizar os riscos envolvidos nos processos e garantir a geração de informações e dados confiáveis, em tempo, ao menor custo possível.	Interno ou externo
Auditoria fiscal e tributária	Análise da eficiência e eficácia dos procedimentos adotados para a apuração, controle e pagamentos dos tributos que incidem nas atividades comerciais e operacionais da empresa. Avaliação do planejamento tributário.	Interno ou externo ou da Fazenda
Auditoria ambiental	Avaliação dos processos operacionais e produtivos das empresas visando à identificação de danos ao meio	Externo

continua

SÉRIE GESTÃO FINANCEIRA, CONTROLADORIA E AUDITORIA

Serviços de auditoria	Objetivos	Auditor
	ambiente e quantificação de contingências e a preparação da empresa para receber o certificado ISO 14000 — meio ambiente.*	
Auditoria nos processos de compras e vendas de empresas e reestruturações societárias — incorporações, fusões, cisões e formação de *joint ventures*	Auditoria das demonstrações contábeis das empresas envolvidas. Assessoria na avaliação das empresas objetos de negociação societária. Avaliação dos ativos objeto de negociação. Identificação de contingências fiscais, trabalhistas, ambientais, cíveis etc. nas empresas envolvidas. A auditoria nos processos de negociação de empresas, ou participações societárias, pode se estender após a concretização da transação, para que os auditores tenham tempo adicional para conclusões de seus trabalhos. É a auditoria feita após a venda, conhecida como *due dilligence*.	Externo

* Os certificados ISO são normas internacionais que representam instrumentos de competitividade das empresas. A sigla ISO significa International Organization for Standardization (Organização Internacional de Normalização), sendo que as duas normas mais conhecidas são a ISO 9000 – padrões de gestão de qualidade – e a ISO 14000 – meio ambiente.

A seguir, serão identificadas as entidades obrigadas a submeter suas demonstrações contábeis ao exame de auditores.

Obrigatoriedade de auditoria

Estão obrigadas a submeter suas demonstrações contábeis ao exame de auditores independentes as seguintes entidades:

❑ sociedades por ações de capital aberto

Lei nº 6.404/76 — art. 177, §3º. As demonstrações financeiras das companhias abertas observarão, ainda, as normas expedidas pela Comissão de Valores Mobiliários e serão obrigatoriamente submetidas a auditoria por auditores independentes nela registrados (redação dada pela Lei nº 11.941, de 2009);

- ❑ sociedades por ações de capital fechado e sociedades por quotas de responsabilidade limitada de grande porte

Lei nº 11.638/07
Demonstrações financeiras de sociedades de grande porte
Art. 3º. Aplicam-se às sociedades de grande porte, ainda que não constituídas sob a forma de sociedades por ações, as disposições da Lei nº 6.404, de 15 de dezembro de 1976, sobre escrituração e elaboração de demonstrações financeiras e a obrigatoriedade de auditoria independente por auditor registrado na Comissão de Valores Mobiliários.
Parágrafo único. Considera-se de grande porte, para os fins exclusivos desta lei, a sociedade ou conjunto de sociedades sob controle comum que tiver, no exercício social anterior, ativo total superior a R$ 240.000.000,00 (duzentos e quarenta milhões de reais) ou receita bruta anual superior a R$ 300.000.000,00 (trezentos milhões de reais);

- ❑ instituições financeiras (bancos, financeiras, distribuidoras, corretoras, entre outras);
- ❑ companhias de seguros;
- ❑ fundos de previdência complementar;
- ❑ fundações públicas ou privadas consideradas de interesse público;
- ❑ empresas subordinadas a agências reguladoras Agência Nacional de Energia Elétrica (Aneel), Agência Nacional de Telecomunicações (Anatel) etc.

Legislação societária

Uma vez que as demonstrações são elaboradas consoante as disposições do Comitê de Pronunciamentos Contábeis (CPC)

homologadas pelo Conselho Federal de Contabilidade (CFC), da Comissão de Valores Mobiliários (CVM), do Banco Central (Bacen), no caso das instituições financeiras, da Superintendência de Seguros Privados (Susep), no caso das seguradoras, da Agência Nacional de Saúde Suplementar, no caso das operadoras de planos de assistência à saúde, e da lei, em especial a Lei nº 6.404 de 1976 — Lei das S.A., diversos diplomas legais devem ser consultados quando da verificação efetuada pelo auditor independente, razão pela qual a profissão somente pode ser exercida por contadores (bacharéis em ciências contábeis) devidamente certificados e regularmente inscritos no CFC.

Entre os *demonstrativos* a serem analisados pelos auditores, é possível destacar: o balanço patrimonial (BP); a demonstração de resultado do exercício (DRE); a demonstração dos fluxos de caixa (DFC); a demonstração de lucros ou prejuízos acumulados (DLPA), obrigatórios para praticamente todas as sociedades anônimas de capital fechado, à exceção da DFC, que é dispensada para S.A. com patrimônio líquido (PL) abaixo do limite estabelecido.

As S.A. de capital aberto, que negociam ações na Bolsa de Valores do Estado de São Paulo (Bovespa), além dessas, devem apresentar, também, a demonstração de mutações do patrimônio líquido (DMPL) e a demonstração do valor adicionado (DVA).

Vale ressaltar que isso não ilide a responsabilidade de elaboração de outros demonstrativos específicos, obrigatórios para entidades com regulamentação específica, tais como instituições financeiras, entidades de previdência privada e outras.

Merece destaque o fato de que a auditoria é obrigatória, nos termos da Lei das S.A. para as sociedades anônimas, apenas. Nesse sentido, as sociedades limitadas estão, em geral, dispensadas.

Contudo, em função das atividades desenvolvidas (participação em processos licitatórios), das pessoas com quem se relaciona (entes públicos ou privados) e da atividade desenvolvida (concessão de créditos etc.), a auditoria pode ser requerida. Não são raros os casos em que uma sociedade limitada submete-se à auditoria por ser a controladora de uma sociedade anônima, ou em virtude de previsão em editais de concorrência pública, nos termos da Lei de Licitações e Contratos.

Obrigatoriedade nas corporações nacionais e internacionais

Empresas brasileiras controladas por empresas estrangeiras, geralmente, são auditadas para atender exigências estatutárias ou legais dos controladores. Para atender a essas empresas, geralmente, os auditores brasileiros se associam a firmas internacionais de auditoria.

Habilitação profissional dos auditores

Por envolver a análise de demonstrações contábeis em confronto com as determinações exaradas pelo Conselho Federal de Contabilidade, a auditoria contábil deve ser executada por bacharéis em ciências contábeis. Aos técnicos (ensino médio) é vedada a realização de auditoria e perícia. Se a entidade auditada for uma sociedade anônima aberta, isto é, aquelas que negociam ações em bolsa de valores, então, além de estar sujeita às determinações da Lei das S.A. (Lei nº 6.404 de 1976), sujeitar-se-á, também, aos ditames exarados pela Comissão de Valores Mobiliários (CVM). O auditor, nesse caso, para realizar seu trabalho, deverá submeter-se ao exame de qualificação técnica promovido por esta autarquia em parceria com o CFC, após o qual será cadastrado.

Fraude e erro

A auditoria não tem como objetivo a descoberta de fraude. Sua finalidade é a emissão de um parecer acerca da adequação das demonstrações contábeis.

Entretanto, o auditor deverá considerar a possibilidade da ocorrência de fraude. Isso deve acontecer na fase do planejamento dos trabalhos, pois é aí que o auditor vai especificar a natureza, oportunidade e extensão dos procedimentos de auditoria.

Ao analisar as condições gerais da empresa a ser auditada, os auditores devem atentar para alguns indícios de fraude, como:

- empresas em declínio;
- um número muito grande de transações entre partes relacionadas;
- caixa com saldo devedor;
- declínio do mercado onde a empresa atua;
- alta rotatividade de pessoal, principalmente na área financeira e contábil;
- responsável pelo Departamento Financeiro e Contábil com férias atrasadas;
- empresa em vias de descontinuidade;
- perda de licença para financiamento.

Diferenças entre fraude e erro

O CFC conceitua fraudes e erros da seguinte forma:

- fraude — o ato intencional de omissão ou manipulação de transações, adulteração de documentos, registros e demonstrações contábeis;
- erro — o ato não intencional resultante de omissão, desatenção ou má interpretação de fatos na elaboração de registros e demonstrações contábeis.

As principais fraudes encontradas nas empresas são:

- manipulação, falsificação ou alteração de registros ou documentos;

- apropriação indébita de ativos;
- supressão ou omissão de transações nos registros contábeis;
- registro de transações sem comprovação;
- aplicação de práticas contábeis indevidas.

Por exemplo, alguns erros normalmente encontrados são:

- erros aritméticos na escrituração contábil ou demonstrações contábeis;
- aplicação incorreta das práticas contábeis;
- interpretação errada das normas e legislação aplicável nas circunstâncias.

Algumas fraudes são realizadas de forma sistemática e são difíceis de ser descobertas. Por exemplo, se não houver adequada segregação de funções nas atividades e nos controles operacionais, e determinado funcionário que manuseie dinheiro também seja responsável pelos registros contábeis, poderá se apropriar do dinheiro da empresa e registrar sua saída como despesas realizadas de modo que os registros coincidam com os ativos existentes.

Fraudes esporádicas são mais fáceis de ser descobertas. Por exemplo, se determinado funcionário se apropria de bens ou do dinheiro da empresa e não tem acesso aos registros, em algum momento, quando a contagem física for confrontada com os registros contábeis, esta fraude será descoberta.

Responsabilidade sobre fraudes e erros

A responsabilidade primária na prevenção é da administração, mediante manutenção de adequado sistema de controle interno. O auditor não é responsável nem pode ser responsabilizado pela sua prevenção.

Caso se descubra que durante o período coberto pelo parecer de auditoria exista distorção relevante não refletida ou não corrigida nas demonstrações contábeis, isto não indica necessariamente que o auditor não cumpriu as normas de auditoria independente.

O auditor deve emitir parecer com ressalva ou com opinião adversa quando identificar fraudes ou erros que tenham efeito relevante e não tenham sido apropriadamente corrigidos.

Ao detectar fraudes e erros relevantes, o auditor deve:

❏ comunicar à administração, dependendo das circunstâncias, de forma verbal ou escrita;
❏ observar o sigilo profissional que impede o auditor de comunicar fraudes ou erros a terceiros. Entretanto, quando houver obrigação legal poderá fazê-lo;
❏ renunciar ao trabalho caso a entidade não tome as medidas corretivas relativas às fraudes ou erros descobertos;
❏ sugerir medidas corretivas;
❏ informar sobre possíveis efeitos no parecer.

Quando a fraude é encontrada em nível gerencial ou de diretoria, a resolução do Conselho estabelece que o auditor analise o que deve ser feito e decida o que achar mais conveniente, inclusive, abrindo mão da auditoria. Neste caso, a CVM obriga que a empresa auditada comunique oficialmente a troca com comunicação assinada pelo auditor.

Considerações finais

Neste capítulo foram apresentados os conceitos básicos e objetivos das atividades de auditoria, assim como os vários tipos e profissionais que executam os trabalhos.

Também foram identificadas as empresas que estão sujeitas à auditoria independente por força de legislação ou por se tratar de empresa que desenvolve atividades regulamentadas pelo governo.

No próximo capítulo serão apresentadas as normas aplicáveis ao auditor independente e à execução do trabalho desde o planejamento até a emissão de relatórios de auditoria.

2

Normas de auditoria independente

Neste capítulo, apresentaremos ao leitor os órgãos internacionais e nacionais que regulamentam as atividades profissionais dos auditores independentes, incluindo nesta regulamentação as normas relativas ao auditor e ao seu trabalho.

Estrutura normativa: organismos profissionais internacionais e nacionais

A auditoria das demonstrações contábeis é uma atividade profissional praticada em todo o mundo. É uma especialização contábil, fato que, por si só, exige que tenha regras básicas padronizadas.

Essas regras, que aqui trataremos como normas profissionais de auditoria, são expedidas por organizações profissionais e reguladoras que, ao estabelecerem normas, influenciam diretamente a atuação do auditor independente.

Pelas características preponderantemente contábeis das atividades de auditoria das demonstrações contábeis, além das normas profissionais de auditoria, os auditores independentes também necessitam observar as demais normas e práticas contábeis fixadas pelos organismos reguladores, pois este arcabouço é fundamental para o alcance do objetivo final do trabalho de auditoria, que é a emissão de uma opinião, sob a forma de um parecer de auditoria, sobre as demonstrações contábeis examinadas.

Há uma série de organismos nacionais e internacionais que regulamentam as atividades de auditoria, definindo as normas aplicáveis à profissão, assim como as sanções a que estão sujeitos os profissionais que não as cumpram.

Os principais organismos profissionais que se relacionam direta ou indiretamente com as atividades de auditoria independente são os apresentados no quadro 2.

Quadro 2

PRINCIPAIS ORGANISMOS PROFISSIONAIS

Sigla	Nomenclatura — país
AIC	Associação Interamericana de Contabilidade (Porto Rico)
AICPA	American Institute of Certified Public Accountants (EUA)
Bacen	Banco Central do Brasil (Brasil)
CFC	Conselho Federal de Contabilidade (Brasil)
CPC	Comitê de Pronunciamentos Contábeis
CVM	Comissão de Valores Mobiliários (Brasil)
Fasb	Financial Accounting Standards Board (EUA)
Gasb	Governamental Accounting Standards Board (EUA)
Iasb	International Accounting Standards Board (Inglaterra)
Ibracon	Instituto dos Auditores Independentes (Brasil)
Ifac	International Federation of Accountants (EUA)
Susep	Superintendência de Seguros Privados (Brasil)

Organizações profissionais

A Lei nº 6.404, de 31 de dezembro de 1976, conhecida por Lei das Sociedades Anônimas, determina as linhas gerais que devem ser seguidas pelas sociedades anônimas para elaboração das demonstrações contábeis. Elas são conhecidas por princípios contábeis geralmente aceitos (PCGA), conforme texto legal reproduzido a seguir:

> Art. 177 — A escrituração da companhia será mantida em registros permanentes, com obediência aos preceitos da legislação comercial e desta lei e aos princípios de contabilidade geralmente aceitos, devendo observar métodos ou critérios contábeis uniformes no tempo e registrar as mutações patrimoniais segundo o regime de competência.

No Brasil, oficialmente, quem fixa princípios, normas e procedimentos contábeis é o Conselho Federal de Contabilidade (CFC), órgão máximo da profissão contábil nacional, filiado a organismos internacionais como a International Federation of Accountants (Ifac) e a Associação Interamericana de Contabilidade (AIC) que estabelecem normas e padrões para a atuação da contabilidade em países afiliados.

Com o advento da Lei nº 11.638/07, o Brasil aderiu às normas internacionais de contabilidade emanadas do International Accounting Standards Board (Iasb). Para viabilizar a convergência das normas contábeis brasileiras para as normas internacionais de contabilidade foi criado o Comitê de Pronunciamentos Contábeis (CPC). As características do CPC a seguir foram obtidas de sua homepage <www.cpc.org.br>.

Origem do CPC

O Comitê de Pronunciamentos Contábeis (CPC) foi idealizado a partir da união de esforços e comunhão de objetivos das seguintes entidades:

❑ Associação Brasileira das Sociedades de Capital Aberto (Abrasca);

- Associação dos Analistas e Profissionais de Investimento do Mercado de Capitais (Apimec);
- Bolsa de Valores de São Paulo (Bovespa);
- Conselho Federal de Contabilidade (CFC);
- Fundação Instituto de Pesquisas Contábeis, Atuariais e Financeiras (Fipecafi); e
- Instituto dos Auditores Independentes do Brasil (Ibracon).

Em função das necessidades de:

- *convergência internacional* das normas contábeis (redução de custo de elaboração de relatórios contábeis, redução de riscos e custo nas análises e decisões, redução de custo de capital);
- *centralização* na emissão de normas dessa natureza (no Brasil, diversas entidades o fazem); e
- *representação e processo democráticos* na produção dessas informações (produtores da informação contábil, auditor, usuário, intermediário, academia, governo).

Criação e objetivo

Criado pela Resolução CFC nº 1.055/05, o CPC tem como objetivo

> o estudo, o preparo e a emissão de pronunciamentos técnicos sobre procedimentos de contabilidade e a divulgação de informações dessa natureza, para permitir a emissão de normas pela entidade reguladora brasileira, visando à centralização e uniformização do seu processo de produção, levando sempre em conta a convergência da contabilidade brasileira aos padrões internacionais.

Características básicas

- O CPC é totalmente autônomo das entidades representadas, deliberando por 2/3 de seus membros.
- O Conselho Federal de Contabilidade fornece a estrutura necessária.
- As seis entidades compõem o CPC, mas outras poderão vir a ser convidadas futuramente.
- Os membros do CPC, dois por entidade, na maioria contadores, não auferem remuneração.

Além dos 12 membros atuais, serão sempre convidados a participar representantes dos seguintes órgãos:

- Banco Central do Brasil (Bacen);
- Comissão de Valores Mobiliários (CVM);
- Secretaria da Receita Federal;
- Superintendência de Seguros Privados (Susep).

Outras entidades ou especialistas poderão ser convidados. Poderão ser formadas comissões e grupos de trabalho para temas específicos.

Produtos do CPC

- Pronunciamentos técnicos.
- Orientações.
- Interpretações.

Os pronunciamentos técnicos serão obrigatoriamente submetidos a audiências públicas. As orientações e interpretações poderão, também, sofrer esse processo.

Devemos destacar, também, a importante participação no Brasil do Instituto dos Auditores Independentes (Ibracon) que, através dos seus enunciados técnicos, fornece orientação para os auditores independentes sobre os diversos aspectos das suas atividades (comportamental e técnica).

Não menos importantes são as atuações de órgãos reguladores que estabelecem condições para a atuação profissional dos auditores independentes, como é o caso da Comissão de Valores Mobiliários (CVM), Banco Central do Brasil (Bacen) e Superintendência de Seguros Privados (Susep).

O Conselho Federal de Contabilidade, ao final da década de 1990, firmou convênio de cooperação técnica com esses órgãos, visando aprimorar a qualidade dos serviços profissionais de auditoria independente e propiciar condições para o fortalecimento da imagem do auditor independente.

Para o exercício profissional da auditoria independente em sociedades anônimas de capital aberto, em instituições financeiras e seguradoras, os auditores independentes devem se submeter a provas de aferição de conhecimentos técnicos, aplicadas pelos Conselhos Regionais de Contabilidade das suas jurisdições e, mediante aprovação, os profissionais podem requerer o registro profissional na Comissão de Valores Mobiliários.

Os auditores independentes, para se habilitarem ao exercício de trabalhos de auditoria em instituições financeiras e seguradoras, além do registro na CVM, têm que realizar provas de conhecimentos específicos baseados em legislações específicas, resoluções e circulares de competência do Bacen e da Susep.

A partir de 2003 os auditores independentes passaram a integrar um cadastro único, o Cadastro Nacional de Auditores Independentes (Cnai), conforme estabelece a Norma Brasileira de Contabilidade (NBC-P-5), aprovada pela Resolução CFC nº 989/03.

Este cadastro único é um avanço profissional e decorre da Resolução CVM nº 308/99 que estabelece as condições para o requerimento e a concessão de registro no seu cadastro de auditores independentes. A partir do entendimento entre o

Conselho Federal de Contabilidade e a Comissão de Valores Mobiliários e, posteriormente, com o Banco Central do Brasil e a Superintendência de Seguros Privados, foi possível evoluir para o estabelecimento de um Cadastro Nacional de Auditores Independentes, atualizado e mantido pelo Conselho Federal de Contabilidade.

Outro aspecto relevante a ser destacado é a obrigatoriedade da atualização e reciclagem profissional para os auditores independentes, a partir da aprovação da NBC-P-4 — Norma para a Educação Continuada do Conselho Federal de Contabilidade. Ela obriga que os auditores e membros das equipes de auditoria se submetam à quantidade mínima de horas-aula em cursos, seminários, fóruns, convenções e congressos técnicos, como forma de comprovação do exercício da educação continuada por parte dos profissionais de auditoria.

O quantitativo de horas tem que ser comprovado anualmente nos Conselhos Regionais de Contabilidade e estes remetem para o Conselho Federal de Contabilidade para fins de consolidação e encaminhamento à CVM para atendimento à Resolução CVM nº 308/99.

Normas de auditoria

A estrutura normativa de auditoria independente adotada mundialmente divide-se em três partes: normas relativas à pessoa (profissionais que executarão o serviço de auditoria); normas relativas à execução do trabalho e normas relativas à emissão do parecer de auditoria.

Para melhor esclarecer os conceitos básicos contidos em cada categoria normativa, transcrevemos a visão de Perez Júnior (2004:17-18):

O conjunto de princípios e preceitos consagrados para a realização dos trabalhos de auditoria denomina-se normas de auditoria. De maneira geral, essas normas são classificadas em três categorias.

Normas gerais ou relativas à pessoa do auditor: o exame de auditoria deve ser executado por pessoa que tenha adequado treinamento técnico e reconhecida habilitação como auditor (treinamento e competência). O auditor deve ser independente em todos os assuntos relativos ao seu trabalho (independência). O auditor deve aplicar o máximo de cuidado e zelo profissional na execução do exame de auditoria e preparação do relatório (zelo profissional).

Normas relativas à execução do trabalho: o trabalho deve ser adequadamente planejado e os assistentes devem ser convenientemente supervisionados (planejamento e supervisão). Devem ser feitos estudos e avaliação apropriados do controle interno da empresa, como base para determinar a confiança que neles possa ser depositada, para definirem a natureza, a extensão e época dos procedimentos de auditoria (avaliação dos controles internos). Devem ser obtidos elementos comprobatórios suficientes e adequados por meio de inspeção, observação, indagação e confirmação para fundamentar o parecer do auditor (elementos comprobatórios).

Normas relativas ao parecer: o parecer deve declarar se o exame foi efetuado de acordo com as normas de auditoria geralmente aceitas e se as demonstrações contábeis examinadas estão apresentadas de acordo com os princípios fundamentais de contabilidade. Salvo declaração em contrário, entende-se que o auditor considera satisfatórios os elementos contidos nas demonstrações examinadas e nas exposições informativas constantes das notas que as acompanham. O parecer deve expressar a opinião do auditor sobre as demonstrações contábeis tomadas em seu conjunto. Quando não puder expressar opinião sem ressalvas sobre todos os elementos contidos nas demonstrações contábeis e notas explicativas, devem ser declaradas as razões que motivaram esse fato. Em todos os casos, o parecer deve conter a indicação precisa da natureza do exame e do grau da responsabilidade assumida pelo auditor.

Fundamentação técnica – Brasil

Neste livro nos restringiremos às normas técnicas vigentes expedidas pelo Conselho Federal de Contabilidade, por ser o órgão máximo da profissão contábil brasileira.

Em 2009, o CFC reformulou as Normas Brasileiras de Contabilidade com o objetivo de adequá-las às normas internacionais, como a seguir.

Normas Brasileiras de Contabilidade

Conforme Resolução CFC nº 1.156/09, as Normas Brasileiras de Contabilidade compreendem o Código de Ética Profissional do Contabilista, as Normas de Contabilidade, as Normas de Auditoria Independente e de Asseguração, as Normas de Auditoria Interna e as Normas de Perícia e estabelecem:

❑ regras e procedimentos de conduta que devem ser observados como requisitos para o exercício da profissão contábil; e

❑ conceitos doutrinários, princípios, estrutura técnica e procedimentos a serem aplicados quando da realização dos trabalhos previstos nas normas aprovadas por resolução emitidas pelo CFC, de forma convergente com as Normas Internacionais de Contabilidade emitidas pelo International Accounting Standards Board (Iasb) e as normas internacionais de auditoria e asseguração e as normas internacionais de contabilidade para o setor público emitidas pela International Federation of Accountants (Ifac).

As Normas Brasileiras de Contabilidade classificam-se em *profissionais e técnicas*.

As *normas profissionais* estabelecem regras de exercício profissional e classificam-se em:

- NBC-PG — geral — são as normas gerais aplicadas aos profissionais da área contábil;
- NBC-PA — do auditor independente — são aplicadas especificamente aos contadores que atuem como auditores independentes;
- NBC-PI — do auditor interno — são aplicadas especificamente aos contadores que atuem como auditores internos;
- NBC-PP — do perito — são aplicadas especificamente aos contadores que atuem como peritos contábeis.

As *normas técnicas* estabelecem conceitos doutrinários, regras e procedimentos aplicados de contabilidade e classificam-se em:

- societária — NBC-TS — são as Normas Brasileiras de Contabilidade convergentes com as normas internacionais;
- do setor público — NBC-TSP — são as Normas Brasileiras de Contabilidade aplicadas ao setor público, convergentes com as normas internacionais de contabilidade para o setor público;
- específica — NBC-TE — são as Normas Brasileiras de Contabilidade que não possuem norma internacional correspondente, observando as NBC-TS;
- de auditoria independente de informação contábil histórica — NBC-TA — são as Normas Brasileiras de Auditoria convergentes com as Normas Internacionais de Auditoria Independente (ISAs) emitidas pela Ifac;

- de revisão de informação contábil histórica — NBC-TR — são as Normas Brasileiras de Revisão convergentes com as Normas Internacionais de Revisão (ISREs), emitidas pela Ifac;
- de asseguração de informação não histórica — NBC-TO — são as Normas Brasileiras de Asseguração convergentes com as Normas Internacionais de Asseguração (ISAEs), emitidas pela Ifac;
- de serviço correlato — NBC-TSC — são as Normas Brasileiras para Serviços Correlatos convergentes com as Normas Internacionais para Serviços Correlatos (ISRSs) emitidas pela Ifac;
- de auditoria interna — NBC-TI — são as normas brasileiras aplicadas aos trabalhos de auditoria interna;
- de perícia — NBC TP — são as normas brasileiras aplicadas aos trabalhos de perícia.

Relativamente às atividades de auditoria foram emitidas as normas a seguir.

NBC-PA — do auditor independente

- NBC-PA-01 — Controle de Qualidade para Firmas (Pessoas Jurídicas e Físicas) de Auditores Independentes.
- NBC-PA-02 — Independência.
- NBC-PA-03 — Revisão Externa de Qualidade pelos Pares.

NBC-P-1 — normas profissionais de auditor independente

- NBC-P-1.6 — Sigilo.
- NBC-P-1.8 — Utilização de Trabalho de Especialistas.
- NBC-P-1 — IT-1 — Regulamentação do item 1.9 da NBC-P-1.
- NBC-P — IT-3 — Regulamentação do item 1.4 — Honorários.
- NBC-P-4 — Educação Profissional Continuada.

- NBC-P-5 — Normas sobre o Exame de Qualificação Técnica — Cadastro Nacional de Auditores Independentes (Cnai).

NBC-PI — do auditor interno

- NBC-P-3 — Normas Profissionais do Auditor Interno.

NBC-TA — de auditoria independente de informação contábil histórica

- NBC-TA-01 — Estrutura Conceitual para Trabalho de Asseguração.
- NBC-TA-200 — Objetivos Gerais do Auditor Independente e a Condução da Auditoria em Conformidade com Normas de Auditoria.
- NBC-TA-210 — Concordância com os Termos do Trabalho de Auditoria.
- NBC-TA-220 — Controle de Qualidade da Auditoria de Demonstrações Contábeis.
- NBC-TA-230 — Documentação de Auditoria.
- NBC-TA-240 — Responsabilidade do Auditor em Relação à Fraude, no Contexto da Auditoria de Demonstrações Contábeis.
- NBC-TA-250 — Consideração de Leis e Regulamentos na Auditoria de Demonstrações Contábeis.
- NBC-TA-260 — Comunicação com os Responsáveis pela Governança.
- NBC-TA-265 — Comunicação de Deficiências do Controle Interno.
- NBC-TA-300 — Planejamento da Auditoria de Demonstrações Contábeis.
- NBC-TA-315 — Identificação e Avaliação dos Riscos de Distorção Relevante por Meio do Entendimento da Entidade e de Seu Ambiente.

- NBC-TA-320 — Materialidade no Planejamento e na Execução da Auditoria.
- NBC-TA-330 — Resposta do Auditor aos Riscos Avaliados.
- NBC-TA-402 — Considerações de Auditoria para a Entidade que Utiliza Organização Prestadora de Serviços.
- NBC-TA-450 — Avaliação das Distorções Identificadas durante a Auditoria.
- NBC-TA-500 — Evidência de Auditoria.
- NBC-TA-501 — Evidência de Auditoria — Considerações Específicas para Itens Selecionados.
- NBC-TA-505 — Confirmações Externas.
- NBC-TA-510 — Trabalhos Iniciais — Saldos Iniciais.
- NBC-TA-520 — Procedimentos Analíticos.
- NBC-TA-530 — Amostragem em Auditoria.
- NBC-TA-540 — Auditoria de Estimativas Contábeis, Inclusive do Valor Justo, e Divulgações Relacionadas.
- NBC-TA-550 — Partes Relacionadas.
- NBC-TA-560 — Eventos Subsequentes.
- NBC-TA-570 — Continuidade Operacional.
- NBC-TA-580 — Representações Formais.
- NBC-TA-600 — Considerações Especiais — Auditorias de Demonstrações Contábeis de Grupos, Incluindo o Trabalho dos Auditores dos Componentes.
- NBC-TA-610 — Utilização do Trabalho de Auditoria Interna.
- NBC-TA-620 — Utilização do Trabalho de Especialistas.
- NBC-TA-700 — Formação da Opinião e Emissão do Relatório do Auditor Independente sobre as Demonstrações Contábeis.
- NBC-TA-705 — Modificações na Opinião do Auditor Independente.
- NBC-TA-706 — Parágrafos de Ênfase e Parágrafos de Outros Assuntos no Relatório do Auditor Independente.

- NBC-TA-710 — Informações Comparativas — Valores Correspondentes e Demonstrações Contábeis Comparativas.
- NBC-TA-720 — Responsabilidade do Auditor em Relação a Outras Informações Incluídas em Documentos que Contenham Demonstrações Contábeis Auditadas.
- NBC-TA-800 — Considerações Especiais — Auditorias de Demonstrações Contábeis Elaboradas de Acordo com Estruturas Conceituais de Contabilidade para Propósitos Especiais.
- NBC-TA-805 — Considerações Especiais — Auditoria de Quadros Isolados das Demonstrações Contábeis e de Elementos, Contas ou Itens Específicos das Demonstrações Contábeis.
- NBC-TA-810 — Trabalhos para a Emissão de Relatório sobre Demonstrações Contábeis Condensadas.

NBC TI – de Auditoria Interna

- NBC-T-12 — Da Auditoria Interna.

Comunicado técnico

- CT-02 — Emissão de Parecer dos Auditores Independentes face à edição da NBC-T-19.18.

Apresentaremos a seguir a síntese das principais normas relativas à atividade de auditoria independente.

Normas relativas ao auditor

As normas relativas ao auditor são as que regem o comportamento ético profissional, bem como estabelecem as condições necessárias para a qualificação técnica exigida para o exercício das atividades de auditor independente.

O trabalho de auditoria independente pode ser exercido por pessoa física ou firma de auditoria.

A responsabilidade profissional é de caráter pessoal, no caso de a auditoria ser realizada exclusivamente por profissional, ou de caráter compartilhado, se realizada por firma de auditoria. Ou seja, as consequências negativas, de caráter civil ou penal, são compartilhadas pelo contador (auditor independente) e pela firma de auditoria externa.

O atendimento integral a essa categoria de normas é fator preponderante para o bom desempenho profissional do auditor independente.

Antes do início de qualquer trabalho de auditoria, o auditor deve avaliar se os princípios básicos que norteiam essa categoria de normas, no que concerne à competência técnico-profissional, independência mental e zelo profissional, podem ser por ele atendidos para aquela auditoria específica.

O auditor só deve aceitar um trabalho depois de adequada reflexão mental sobre o seu enquadramento em relação aos princípios supramencionados. Não se enquadrando de forma integral, é recomendável que não aceite o encargo profissional, pois, havendo algum tipo de questionamento sobre a sua independência, sua capacidade técnica e sobre a condução das etapas do trabalho de auditoria de forma não zelosa, poderá vir a sofrer as consequências por serviço assumido ou executado de forma indevida.

O auditor independente deve ter consciência de que a sua sobrevivência e crescimento profissional dependem, fundamentalmente, do conceito ético, moral e técnico que desfruta perante o mercado empresarial. Muitos são os casos de profissionais que não observaram as normas relativas à pessoa do auditor e que, atualmente, estão afastados do mercado empresarial brasileiro e internacional. Aqui, não cabem exemplos, mas quem acompanhou a mídia recentemente teve conhecimento do desaparecimento de uma das maiores e mais antigas firmas de auditoria independente mundial, em decorrência da não observância das normas de auditoria geralmente aceitas.

A construção de um bom conceito profissional é um trabalho árduo de muitos anos ou décadas; a destruição desse conceito é rápida, muitas vezes em poucos meses.

O *Código de Ética dos Contadores que atuam como profissionais liberais* emitido pelo Ifac estabelece que os princípios éticos que regem a responsabilidade do auditor são:

- independência;
- integridade;
- objetividade;
- competência e devido zelo profissionais;
- confidencialidade;
- comportamento profissional;
- observância das normas técnicas.

Para a melhor compreensão do leitor, demonstramos adiante os conceitos que norteiam os princípios básicos da norma relativa ao auditor, que permitem ao auditor independente conduzir uma auditoria de acordo com as normas internacionais de auditoria. Para isso, reproduzimos, no todo ou parcialmente, os textos legais previstos nas Normas Brasileiras de Contabilidade emitidas pelo Conselho Federal de Contabilidade NBC-P-1-IT-1, NBC-P-1-IT-2, NBC-P-1-IT-3 e NBC-P-4, quando aplicáveis.

A seguir, apresentamos as condições básicas que o auditor independente deve possuir e observar para o atendimento completo das normas relativas ao auditor.

Competência técnico-profissional

A norma ordinária que permite o exercício da auditoria independente é a de que o responsável pelo trabalho e sua equipe possuam habilitações acadêmicas e profissionais que suportem o risco completo de expressar uma opinião final por meio de um parecer de auditoria que corresponda, de forma preponderante, à representatividade dos fatos econômico-financeiros registrados, avaliados e apurados de acordo com os princípios fundamentais de contabilidade. Também esta opinião deve considerar se as demonstrações contábeis tomadas em conjunto indicam se há riscos quanto à continuidade da entidade e, havendo, tal fato deverá estar contido no seu parecer final.

Sobre a norma NBC-P-1 — Normas Profissionais de Auditor Independente relativamente à competência técnico-profissional, as condições a serem seguidas são:

> O contador, na função de auditor independente, deve manter seu nível de competência profissional pelo conhecimento atualizado dos princípios fundamentais de contabilidade e das Normas Brasileiras de Contabilidade, das técnicas contábeis, especialmente na área de auditoria, da legislação inerente à profissão, dos conceitos e técnicas administrativas e da legislação específica aplicável à entidade contábil.
>
> O auditor, para assumir a responsabilidade por uma auditoria das demonstrações contábeis, deve ter conhecimento da atividade da entidade auditada, de forma suficiente para que lhe seja possível identificar e compreender as transações realizadas pela mesma e as práticas contábeis aplicadas, que possam ter efeitos relevantes sobre a posição patrimonial e financeira da entidade, e o parecer a ser por ele emitido das demonstrações contábeis.
>
> Antes de aceitar o trabalho, o auditor deverá obter conhecimento preliminar da atividade da entidade a ser auditada, mediante avaliação, junto à administração, da estrutura organizacional, da complexidade das operações e do grau de exigência requerido, para a realização do trabalho de auditoria, de modo a poder

avaliar se está capacitado a assumir a responsabilidade pelo trabalho a ser realizado. Esta avaliação deve ficar evidenciada de modo a poder ser comprovado o grau de prudência e zelo na contratação dos serviços.

O auditor deve recusar os serviços sempre que reconhecer não estar adequadamente capacitado para desenvolvê-los, contemplada a utilização de especialista de outras áreas, em face da especialização requerida e dos objetivos do contratante.

As condições necessárias para o cumprimento do estabelecido na NBC-P-1 — Normas Profissionais de Auditor Independente indicam que o auditor independente deve ser contador, registrado no Conselho Regional de Contabilidade do seu domicílio profissional, submeter-se ou ter se submetido a exame de competência *profissional*, além de possuir, ele e sua equipe, um conjunto de conhecimentos para o exercício da auditoria independente. Para tanto, é necessário que o auditor e sua equipe se submetam a um contínuo programa de treinamento e atualização, conforme prevê a NBC-P-4 — Educação Profissional Continuada e NBC-P-5 — Normas sobre o Exame de Qualificação Técnica — Cadastro Nacional de Auditores Independentes (Cnai):

> O auditor independente, no exercício da sua atividade, deverá comprovar a participação em programa de educação continuada, na forma a ser regulamentada pelo Conselho Federal de Contabilidade.
>
> O auditor independente, para poder exercer sua atividade, deverá submeter-se a exame de competência profissional, na forma regulamentada pelo Conselho Federal de Contabilidade.

O exame de competência profissional e a contínua reciclagem de conhecimentos por parte do auditor encontram-se regulamentadas pela NBC-P-4 — Normas para Educação Continuada —, que recebeu nova redação e foi aprovada pela Resolução CFC nº 1.074/06, e pela NBC-P-5 — Cadastro Nacional dos Auditores Independentes.

A partir de 2004 os Conselhos Regionais de Contabilidade deram início aos exames de suficiência para a concessão de registro na CVM, e qualificação para realizarem auditorias de caráter independente em instituições financeiras junto ao Bacen e companhias de seguros perante a Susep. Em consequência, os aprovados passaram a integrar o Cadastro Nacional de Auditores Independentes.

É importante que o leitor saiba que as provas são oferecidas por todos os Conselhos Regionais de Contabilidade em que existam candidatos, porém a grande concentração de inscritos, até a presente data, ocorreu nas regiões Sudeste e Sul do país (95% dos cadastrados).

Para melhor evidenciar o princípio normativo da competência técnico-profissional, discorremos sobre os principais atributos e condições fundamentais para o exercício adequado da atividade.

O trabalho de auditoria é sempre da responsabilidade do contador que assina o parecer de auditoria sobre as demonstrações contábeis da empresa que o contratou, porém, para executar os seus serviços, ele depende de outros profissionais que integram a sua equipe.

Como já comentado neste capítulo, o trabalho de auditoria independente pode ser contratado a firmas de auditoria de amplitude internacional ou apenas nacional. As firmas mantêm estruturas organizacionais que apresentam pequenas variações, porém as principais categorias que representam a carreira profissional no mercado de trabalho são sócio, diretor, gerente, auditor sênior, assistentes (diversos níveis: de auxiliares a semisseniores), *trainees.*

A ascensão profissional dentro de uma empresa de auditoria é gradativa, por envolver uma quantidade considerável de conhecimentos, habilidades e responsabilidades. O jovem selecionado para atuar como *trainee* deve ser informado pelos contratantes que poderá vir a integrar os quadros da sociedade, em média, após um período de 15 anos.

O ingresso nas empresas de auditoria ocorre por meio de recrutamento de estudantes de ciências contábeis, administrativas, econômicas, jurídicas e tecnologia da informação em instituições de ensino superior (universidades, centros universitários e faculdades) conceituadas. Apesar de ser uma atividade restrita do contador, as empresas recrutam alunos das carreiras citadas, em função da potencialidade do candidato e da formação diversificada que pode auxiliar os trabalhos de auditoria. Caso o jovem selecionado se destaque e tenha potencial para progredir na carreira, obrigatoriamente, deverá obter a formação em ciências contábeis com o respectivo registro profissional no Conselho Regional de Contabilidade.

Ilustramos no quadro 4 as características principais de cada categoria profissional encontrada, com pequenas variações, nas empresas de auditoria.

Quadro 3

CATEGORIA PROFISSIONAL — TRAINEE

Período médio na função	Até um ano
Grau de responsabilidade profissional	Baixo
Formação técnica e pessoal	

Estudante do último ou penúltimo ano dos cursos de ciências contábeis, administrativas, econômicas, jurídicas e tecnologia da informação. Se pretender e for aprovado pela empresa para seguir carreira deverá concluir a formação em ciências contábeis.

Idade máxima até 23 anos.

Preferencialmente solteiro.

Além do português, domínio do idioma inglês e de mais um idioma, preferencialmente, o espanhol.

Domínio das ferramentas básicas de informática.

continua

Principais atribuições

Auxilia nas diversas etapas do trabalho de auditoria, após ter se submetido, no período inicial, a treinamento intensivo.

Recebe avaliações a cada trabalho dos seus superiores para que sejam identificadas as condições para ascensão na carreira.

Quadro 4

CATEGORIA PROFISSIONAL — ASSISTENTE

Período médio na função   Até quatro anos

Grau de responsabilidade profissional   Baixo

Formação técnica e pessoal

A formação técnica será complementada a partir do próprio desenvolvimento profissional da atividade de auditoria e pelo treinamento normal oferecido pela empresa de auditoria. Nesse período, o auditor assistente deverá aprofundar mais os seus conhecimentos em testes e procedimentos de auditoria, pois ainda encontra-se numa fase profissional de "fazer" que precede o "por que fazer e como fazer".

Principais atribuições

Auxilia nas diversas etapas do trabalho de auditoria. Possui maior autonomia que o auditor *trainee*, porém recebe constante orientação e supervisão por parte dos seus superiores.

Quadro 5

CATEGORIA PROFISSIONAL — SÊNIOR

Período médio na função   Até quatro anos

Grau de responsabilidade profissional   Médio

Formação técnica e pessoal

O auditor sênior deverá colher maior conhecimento sobre as atividades empresariais (negócios) das entidades em exame, para começar a se habilitar a planejar trabalhos de auditoria e suas consequências ("o porquê e como fazer").

Principais atribuições

Chefia equipe.

Distribui tarefas e atividades.

Orienta e supervisiona o trabalho.

Quadro 6

Categoria profissional — supervisor

Período médio na função	Até dois anos
Grau de responsabilidade profissional	Médio/alto

Formação técnica e pessoal

O auditor supervisor deverá aprofundar mais os seus conhecimentos nos negócios empresariais.

Deverá ter conhecimentos de relacionamento interpessoal, liderança e motivação de equipes, já que se encontra a um passo da carreira executiva superior.

Principais atribuições

Supervisiona as equipes.

Define se aprofundará ou não o volume de testes e transações de cada atividade, visando maior segurança na formação da opinião final do trabalho. Participa com gerentes, diretores e sócios da etapa de planejamento de auditoria.

Quadro 7

Categoria profissional — gerente

Período médio na função	Até cinco anos
Grau de responsabilidade profissional	Alto

Formação técnica e pessoal

Aprofundamento dos conhecimentos obtidos ao longo da carreira, bem como novos conhecimentos de caráter comercial (marketing, relacionamento com clientes, entre outros).

Principais atribuições

Gerencia o trabalho de auditoria.

Supervisiona equipes.

Elabora o planejamento de auditoria.

Programa e supervisiona equipes.

Revisa pastas e papéis de trabalho.

Elabora relatório de auditoria (carta-comentário e parecer de auditoria).

<h1>Quadro 8</h1>

CATEGORIA PROFISSIONAL — DIRETOR

Período médio na função	Até dois anos ou definitivo
Grau de responsabilidade profissional	Alto

Formação técnica e pessoal

Por se tratar de uma categoria que nem todas as empresas adotam, o diretor pode estar numa etapa final da sua carreira (o ocupante do cargo não chegará a sócio) ou numa etapa anterior à ascensão à sociedade.

Em ambas as situações, o diretor deverá ter condições de participar da administração da empresa, em todas as suas esferas.

Principais atribuições

Exerce as tarefas inerentes ao sócio, quando necessário.

<h1>Quadro 9</h1>

CATEGORIA PROFISSIONAL — SÓCIO

Período médio na função	Até a aposentadoria prevista no regulamento interno de pessoal da empresa
Grau de responsabilidade profissional	Alto/total

Formação técnica e pessoal

Deve possuir todas as habilidades descritas anteriormente e tino comercial para manter sua carteira de clientes e, quando possível, ampliá-la.

Principais atribuições

Emite relatórios e pareceres finais de auditoria.

Relaciona-se com sócios e clientes.

Administra a empresa.

Negocia (interna e externamente).

Representa a empresa nos diversos órgãos reguladores (profissionais ou não).

Responsável pelo parecer perante o Conselho Regional de Contabilidade, assim como é a empresa que integra.

Independência mental

O trabalho do auditor conjuga o domínio de técnicas específicas e um conjunto de observância das regras de conduta ética e moral, entre elas, a independência mental.

A independência mental é a regra de conduta mais relevante para o exercício profissional do auditor independente. Não havendo independência ou se ela não estiver clara para a sociedade em geral, o trabalho do auditor será ou poderá ser contestado, desqualificando-o profissionalmente e à empresa que integra.

Os aspectos inerentes ao seu trabalho não devem sofrer influências de qualquer natureza: interesses financeiros, relações de negócios, prestação de outros serviços extensivos de consultoria e interesses e relações pessoais.

A existência de erros ou irregularidades apresentados em diversas demonstrações contábeis de grandes corporações de alcance mundial caracteriza o não domínio ou aplicação das normas e procedimentos de auditoria de forma incorreta pelos auditores. Quando isso acontece, a primeira suspeição recai sobre o auditor. A suspeita de conivência por parte dos auditores com administradores fraudadores é a primeira percepção por parte da sociedade. Apesar de haver previsão constitucional contra a prévia condenação do acusado, sem que haja possibilidade de ampla defesa e que o mesmo seja condenado em última instância (transitado em julgado), a imagem profissional de imediato é afetada negativamente.

Até o final da década de 1990, era comum o exercício da prestação de serviços de auditoria independente e de consultoria de uma mesma empresa para um mesmo cliente. Tal fato caracteriza a possibilidade de suspeição quanto à adequada independência profissional por parte da empresa e dos auditores envolvidos na auditoria.

O conflito de interesses nesses casos pode ser caracterizado por diversos tipos de serviços de consultoria prestados como:

- ❑ revisão e aprimoramento do ambiente de controles internos;
- ❑ planejamento tributário;
- ❑ assessoria para implantação de sistema de gestão integrada de recursos.

Havendo a prestação simultânea de serviços de consultoria e auditoria, a empresa irá testar e avaliar, por exemplo, o ambiente de controle interno que foi por ela projetado e aprimorado.

Com a emissão da Resolução CVM nº 308/99, os serviços de auditoria e consultoria passaram a ser considerados conflitantes para o exercício da auditoria independente em empresas de capital aberto (mercado de capitais).

O CFC por meio da NBC-PA-02, aprovada pela Resolução CFC nº 1.034/05, definiu conceitos e regras que têm por finalidade impedir a ocorrência de fatos que coloquem em suspeição ou em risco a independência do auditor em relação à entidade auditada (o texto pode ser consultado no apêndice deste livro).

Objetivamente, a NBC-PA-02 — Independência — define que o auditor declare-se impedido para executar trabalho de auditoria independente se, no período a que se refere a auditoria ou durante a execução dos serviços, em relação à entidade auditada ou qualquer outra integrante de mesmo grupo econômico, ocorrer:

- ❑ vínculo conjugal ou parentes consanguíneos em linha reta, sem limites de grau, em linha colateral até o 3º grau e por afinidade até o 2º grau, com administradores, acionistas, sócios ou empregados que tenham ingerência na administração ou nos negócios ou sejam responsáveis por sua contabilidade;

- relação de trabalho como empregado, administrador ou colaborador assalariado, ainda que esta relação seja indireta, nos últimos dois anos;
- participação direta ou indireta como acionista ou sócio;
- interesse financeiro direto, imediato ou mediato, ou substancial interesse financeiro indireto, compreendida a intermediação de negócios de qualquer tipo e a realização de empreendimentos conjuntos;
- função ou cargo incompatível com a atividade de auditoria independente;
- fixado honorários condicionais ou incompatíveis com a natureza do trabalho contratado;
- qualquer outra situação de conflito de interesses no exercício da auditoria independente, na forma que vier a ser definida pelos órgãos reguladores ou fiscalizadores.

Qualquer uma das situações descritas deve ser suficiente para que o auditor independente recuse a assunção do trabalho ou renuncie, caso o mesmo esteja em curso.

Zelo profissional

Como qualquer atividade laborativa, a auditoria independente deve ser realizada com cuidado e zelo profissional tanto na execução do trabalho quanto na preparação do relatório conclusivo contendo a sua opinião sobre os exames realizados.

A norma que trata sobre esta regra profissional estabelece que "o auditor deve aplicar o máximo de cuidado e zelo profissional na execução do trabalho de auditoria e preparação do relatório".

A condução de todas as etapas do trabalho de auditoria deve seguir essas premissas (cuidado e zelo), desde a fase que antecede o planejamento de auditoria, quando o auditor tem que conhecer a entidade, bem como deve colher informações sobre o seu histórico e dos seus administradores (acionistas, sócios, quotistas) para que possa concluir sobre a viabilidade de aceitar ou não os serviços solicitados (risco de auditoria) até a emissão do parecer de auditoria, mantendo em segurança, com sigilo e cuidado todo o conjunto de papéis de trabalho oriundo da auditoria realizada.

Os pontos principais que devem ser considerados e que caracterizam o exercício profissional com zelo são:

- definição do risco de auditoria;
- estimativa adequada das horas de auditoria;
- definição de honorários correspondendo às horas de trabalho suficientes para a realização de auditoria de excelente qualidade;
- cronograma de visitas com as pessoas-chave da entidade a ser auditada, para que o trabalho seja realizado dentro das condições adequadas;
- planejamento do trabalho;
- definição dos procedimentos e extensão dos testes de auditoria a serem aplicados de acordo com o planejamento do trabalho;
- seleção e escolha da equipe com a quantidade e a competência necessárias para a prestação de serviços de auditoria em conformidade com o planejamento do trabalho;
- avaliação do ambiente de controle interno;
- realização da revisão analítica e confronto das principais discrepâncias com a avaliação do ambiente de controle interno;
- supervisão do trabalho em todas as suas etapas;
- elaboração e revisão dos papéis de trabalho;
- emissão dos relatórios sobre a avaliação do ambiente de controle interno da entidade e contendo a opinião final sobre as demonstrações contábeis tomadas em conjunto da entidade auditada (parecer);

- ❏ manutenção do sigilo profissional;
- ❏ guarda da documentação-suporte (papéis de trabalho).

Objetivamente, podemos afirmar que o conceito de zelo profissional em todas as etapas do trabalho de auditoria envolve outras regras, como:

- ❏ sigilo profissional;
- ❏ guarda de documentação-suporte;
- ❏ honorários adequados;
- ❏ manutenção de líderes de equipe;
- ❏ utilização de trabalhos de especialistas.

Em relação a cada uma das regras, traçamos os comentários a seguir.

Sigilo profissional. Trata-se de norma de conduta ética e moral. O auditor deve resguardar fatos e informações de que toma conhecimento ou que lhe são confiados pelo cliente. O sigilo profissional deve ser aplicado durante a auditoria e depois dela. Mesmo que o cliente não mantenha o auditor como seu prestador de serviços, este deverá preservar o sigilo sobre os assuntos que sejam de interesse exclusivo do seu cliente ou ex-cliente.

Guarda da documentação-suporte. Os papéis de trabalho que contêm a estrutura de todas as etapas do trabalho de auditoria, as evidências, com base no volume de transações e as conclusões devem ser guardados de forma segura por prazos definidos pelos organismos reguladores profissionais (CFC — cinco anos, CVM — três anos), sob a responsabilidade do auditor independente e se sócio/diretor de firma de auditoria em suas dependências ou em local destinado para esse fim. As pastas de papéis de trabalho deverão estar referenciadas e arquivadas de forma ordenada, de maneira que possam ser consultadas a qualquer momento. A documentação-suporte permitirá ao auditor independente consultar o trabalho realizado, para servir de base a auditorias futuras, bem como poder comprovar tecnicamente e com fundamentação as conclusões alcançadas e emitidas por meio do seu parecer de auditoria.

Honorários. Os honorários profissionais devem ser fixados de acordo com a avaliação da quantidade de horas a serem consumidas pelas diversas categorias de auditores e outros profissionais (especialistas ou não) para a realização da auditoria, bem como com o grau de responsabilidade profissional envolvida para a emissão de sua opinião. O grau de responsabilidade é fator importante tanto para a fixação dos honorários, quanto o volume de horas estimado para a execução dos serviços. A responsabilidade também está atrelada ao risco de auditoria identificado pelo auditor responsável pela avaliação e planejamento dos trabalhos. Os cálculos e a fundamentação para o estabelecimento dos honorários devem ser formalizados e ficar em poder do auditor como memória e, também, para possíveis justificativas a terceiros, se necessário for.

Manutenção de líderes de equipe. A empresa de auditoria deve, preferencialmente, trocar os líderes das equipes de auditoria em prazo inferior a cinco anos, como forma de preservar a independência profissional, a objetividade do trabalho e o ceticismo profissional que deve estar presente em todas as etapas da auditoria.

Utilização de trabalho de especialistas. Sempre que necessário, o auditor deve utilizar o trabalho de outros especialistas para que seja possível expressar sua opinião dentro de um razoável grau de confiabilidade quanto à essência das operações examinadas e, principalmente, quanto ao risco de descontinuidade da entidade sob o seu exame. A utilização poderá ser mediante contratação direta por parte da entidade auditada, ou pela própria firma de auditoria ou pelo auditor independente. É comum a utilização de serviços atuariais para avaliação das reservas matemáticas ou técnicas que as companhias seguradoras e os fundos de previdência complementar devem manter para garantir a consecução futura dos seus objetivos sociais. Nesse caso, o profissional responsável pelas aferições são os atuários que expedem pareceres opinando sobre tais entidades, a respeito da adequação ou não das mencionadas reservas. O auditor independente para este assunto não tem responsabilidade, tomando o parecer emitido pelo atuário como base para emissão final do seu relatório.

A NBC-P-1.8 estabelece que

> A responsabilidade do auditor fica restrita à sua competência profissional, quando o especialista legalmente habilitado for contratado pela entidade auditada, sem vínculo empregatício, para executar serviços que tenham efeitos relevantes nas demonstrações contábeis, quando tal fato for mencionado em seu parecer.

Em linhas gerais essas são as regras de maior importância para o exercício profissional do auditor independente, quanto à conduta e ao comportamento ético para fins de atendimento à Norma da Pessoa do Auditor. Para maior aprofundamento sobre a matéria, deve ser consultada a NBC-P-1 e os seus diversos desdobramentos (interpretações técnicas).

Normas relativas ao trabalho do auditor

O trabalho de auditoria para ser realizado adequadamente deve observar um conjunto de condições (regras) estabelecidas nas normas de auditoria geralmente aceitas. A auditoria das demonstrações contábeis de uma determinada entidade antes de sua execução deve ser precedida de um planejamento que contemple os seguintes aspectos relevantes:

❑ conhecimento prévio dos negócios da entidade e do seu segmento;

- obtenção de informações inerentes aos principais dirigentes da entidade a ser auditada;
- definição da relevância das principais transações da entidade a ser auditada;
- definição dos riscos profissionais envolvidos e, consequentemente, do grau de responsabilidade a ser assumida pelo auditor;
- equipe necessária e estimativa de horas de auditoria de acordo com as informações obtidas, complexidade dos negócios e riscos envolvidos;
- identificação da necessidade ou não da utilização do trabalho de outros especialistas;
- se a entidade apresenta indícios de descontinuidade, a partir do conhecimento das primeiras informações e análises efetuadas (em caso de primeira auditoria) ou baseado no histórico anterior das auditorias efetuadas pelo auditor ou pela firma de auditoria.

A maior preocupação que o auditor independente deve ter é com o *risco de auditoria*, que é o de emitir opiniões incorretas ou incompletas que pode ser classificado como inerente, de controle ou de detecção.

O *risco inerente* pode ser de natureza operacional ou de mercado. São exemplos: concentração das vendas a prazo num único cliente ou mesmo grupo econômico que passa por dificuldades financeiras; e endividamento relevante de curto prazo com uma única instituição financeira.

O *risco de controle* é quando o auditor diagnostica um ambiente de controle interno de baixa qualidade ou mesmo inexistente. Exemplos: segregação de funções reduzida, alta concentração de atividades conflitantes sob aspecto de controle (exemplos: comprar e pagar; vender e receber) em poucas pessoas; ausência de um programa de qualificação profissional na entidade que envolva treinamento, desenvolvimento e reciclagem de pessoal.

O *risco de detecção* talvez seja o que mais preocupa o auditor quando da emissão do seu relatório final (parecer), pelo fato de os exames serem realizados em base de testes. A forma de realizar exames em base de testes não permite ao auditor ter certeza de ter detectado todos os erros ou fraudes (irregularidades) relevantes e materiais durante a auditoria.

A execução do trabalho de auditoria acontece por meio de duas grandes fases: preliminar e final. Na fase preliminar o auditor *avalia o ambiente de controle interno* e aplica o procedimento de *revisão analítica*, visando identificar a confiabilidade das transações da entidade, no que concerne à incidência de erros ou irregularidades (fraudes). Nessa fase, o auditor aplica os procedimentos de auditoria em pequenos volumes de transações, são os denominados *testes de observância ou de aderência ou de validação de controles*. Quanto maior for a identificação de fragilidades de controle, inconsistência e falta de uniformidade em práticas administrativas e contábeis, maior será o volume da amostra das transações da entidade a ser selecionada pelo auditor para poder aplicar os procedimentos de auditoria na fase final. Nessa etapa, o volume de transações selecionado e os procedimentos aplicados são denominados *testes substantivos*. Os resultados apurados durante essa fase, incluindo os procedimentos aplicados nos eventos subsequentes à data de encerramento das demonstrações contábeis, é que permitem ao auditor formar sua opinião a respeito da adequação dos saldos contábeis examinados em relação às práticas contábeis adotadas e de acordo com os princípios fundamentais de contabilidade. Também nessa fase o auditor pode avaliar se a entidade em exame apresenta indícios de descontinuidade (falência especial, falência e/ou encerramento das atividades).

As fases do trabalho de auditoria devem ser realizadas sempre levando em consideração a necessidade da adoção de um constante sistema de controle de qualidade, pois o auditor ao assinar o seu relatório final (parecer de auditoria) o faz a partir de diversos trabalhos realizados por uma equipe composta por diferentes categorias de auditores, com responsabilidades variadas. Portanto, a auditoria por completo deve ser realizada por meio das seguintes etapas:

- ❏ avaliação preliminar;
- ❏ planejamento;
- ❏ avaliação do ambiente de controle interno e aplicação do procedimento de revisão analítica;
- ❏ definição do volume da amostra de testes substantivos;
- ❏ aplicação de procedimentos de auditoria a partir da amostra selecionada, incluindo procedimentos sobre eventos subsequentes;
- ❏ formação da opinião final sobre a adequação das demonstrações contábeis;
- ❏ emissão do parecer de auditoria;
- ❏ obtenção da carta de responsabilidade da administração;
- ❏ emissão do relatório sobre avaliação dos controles internos (carta-comentário).

Em todas as etapas, a partir do planejamento, deverá haver pelos diversos níveis hierárquicos a supervisão e orientação dos trabalhos, bem como, se necessário for, o aprofundamento da amostra de testes a serem realizados.

Nos papéis de trabalho deverão constar campos específicos indicando *quem executou e quando executou* e *quem revisou e quando revisou.*

Considerando que o auditor independente não examina o universo total das operações de uma entidade, ele tem que ressaltar em seu parecer que realizou o seu trabalho através da aplicação dos procedimentos de auditoria (testes) em amostra selecionada das transações patrimoniais (econômico-financeiras) da entidade, a partir:

- ❑ da avaliação do histórico da empresa;
- ❑ da avaliação do histórico dos seus dirigentes;
- ❑ da avaliação do ambiente de controle interno;
- ❑ da apuração dos quocientes econômico-financeiros;
- ❑ do comportamento dos saldos das contas em anos anteriores ao período em exame;
- ❑ de outras informações que venha obter no decurso dos exames.

Como se vê, o auditor, por realizar os seus serviços por amostragem, pode desconhecer a incidência de fatos que podem ou poderiam influenciar a sua opinião final (parecer). Para resguardar o auditor independente deste risco de auditoria, o Conselho Federal de Contabilidade emitiu a interpretação técnica NBC-T-11-IT-01 — Carta de Responsabilidade da Administração.

De forma resumida, a Carta de Responsabilidade da Administração tem os seguintes objetivos:

- ❑ atender as normas de auditoria independente;
- ❑ obter evidência auditorial por escrito;
- ❑ delimitar as responsabilidades do auditor e da administração;
- ❑ dar mais confiabilidade às informações verbais obtidas durante a auditoria;
- ❑ dar garantias ao auditor independente quanto às responsabilidades posteriores à realização do trabalho, onde o nome do auditor esteja diretamente envolvido, tais como a apresentação das demonstrações aos sócios ou acionistas, a divulgação perante terceiros, e outros;

❑ possibilitar esclarecimento sobre os pontos não constantes das demonstrações contábeis, tais como contingências ou responsabilidades não divulgadas, possibilidades efetivas de realização de determinados ativos e também aspectos de continuidade operacional.

A figura ilustra melhor a visão macro das fases e das atividades do trabalho de auditoria.

ATIVIDADES DO TRABALHO DE AUDITORIA

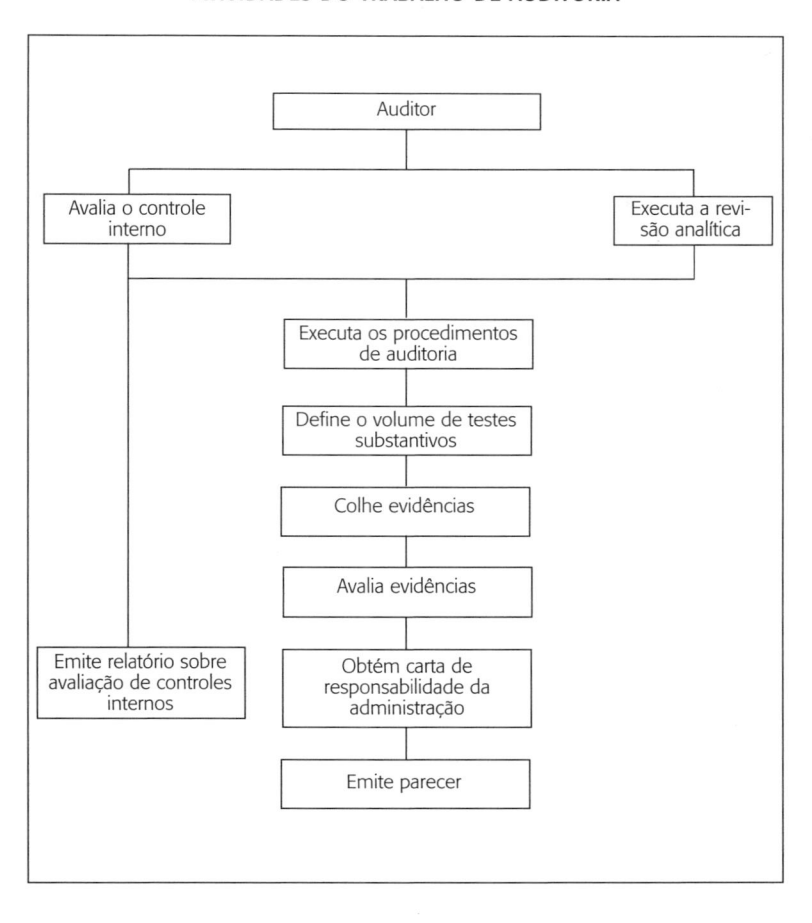

Considerações finais

Neste capítulo foram apresentadas as normas profissionais que devem ser seguidas pelos auditores independentes, especificamente quanto ao auditor e à execução do trabalho de auditoria.

A discussão de cada uma delas, suas peculiaridades e suas aplicações também constam deste capítulo. Deixamos de mencionar a outra norma usual de auditoria independente, parecer de auditoria, que compõe um dos três pilares normativos (pessoa, trabalho e parecer) por estar detalhadamente descrita no capítulo 5.

O desenvolvimento do trabalho de auditoria das demonstrações contábeis em suas fases (preliminar e final) e aplicável nas principais atividades consta dos capítulos 3 e 4, o que permitirá ao leitor uma compreensão global a respeito dos assuntos até aqui comentados.

3

Desenvolvimento do trabalho de auditoria

Neste capítulo, veremos ao que devemos estar atentos no preparo de um plano de auditoria. Esse plano é o principal instrumento para o sucesso de um trabalho de auditoria eficaz, porque inclui as atividades planejadas em um nível mais detalhado das afirmações contidas nas demonstrações contábeis. Também serão apresentadas orientações sobre: planejamento da auditoria; avaliação dos riscos inerentes, de controle e de erros ou irregularidades significativos; seleção de procedimentos de auditoria; preparação do programa de auditoria; resultado dos trabalhos de auditoria.

Planejamento da auditoria

O planejamento da auditoria é de responsabilidade do auditor encarregado do trabalho e deve ser elaborado e documentado de acordo com a norma relativa ao planejamento de auditoria (NBC-TA-300 — Planejamento da Auditoria de Demonstrações Contábeis).

Norma relativa ao planejamento

A norma de auditoria referente ao planejamento estabelece as informações mínimas necessárias que o auditor deve obter antes de iniciar seus trabalhos. Essas informações são:

- ❏ conhecimento das atividades da entidade — levantamento de informações obtidas por meio de visita à empresa e entrevistas com os responsáveis das áreas administrativas e operacionais;
- ❏ fatores econômicos — identificação dos fatores econômicos, como níveis de inflação, política externa, taxa de juros e outros que possam afetar as operações da empresa;
- ❏ legislação aplicável — determinados ramos de atividades (instituições financeiras, operadoras de serviços públicos, seguradoras etc.) têm regulamentação específica e seu conhecimento é fundamental para o desenvolvimento do plano e a execução do trabalho de auditoria;
- ❏ práticas operacionais da entidade — as principais operações e o modelo de gestão aplicado na entidade;
- ❏ nível geral de competência da administração — identificação do tipo de administração, se é familiar ou profissional;
- ❏ conhecimento das práticas contábeis adotadas e suas alterações em relação ao exercício anterior;
- ❏ conhecimento do sistema contábil e controles internos;
- ❏ áreas importantes da entidade;
- ❏ volume de transações;
- ❏ complexidade das transações;
- ❏ existência de entidades associadas, filiais e partes relacionadas;
- ❏ uso do trabalho de outros auditores independentes, especialistas e auditores internos;
- ❏ natureza, conteúdo e oportunidade dos pareceres e relatórios a serem emitidos;
- ❏ exigências e prazos estabelecidos por órgãos reguladores.

Informações necessárias e conteúdo

Após obter as informações relatadas no item anterior, o auditor estará em condições de elaborar o planejamento da auditoria que deverá conter:

❑ cronograma;
❑ procedimentos de auditoria;
❑ relevância e planejamento;
❑ riscos de auditoria;
❑ pessoal designado;
❑ épocas oportunas dos trabalhos;
❑ horas estimadas para a execução dos trabalhos;
❑ supervisão e revisão;
❑ indagações à administração para concluir o planejamento;
❑ revisões e atualizações no planejamento e nos programas de auditoria.

Planejamento na realização da auditoria pela primeira vez

Quando da auditoria pela primeira vez, alguns cuidados especiais de planejamento devem ser observados:

❑ leitura dos relatórios de auditoria anteriores como mecanismo de "conhecimento" da empresa auditada;
❑ atentar para a uniformidade de critérios contábeis, uma vez que pode ter havido alterações de um exercício para o outro, tais como mudança no método de avaliação de estoques, uso de reavaliação, mudança no critério de tributação (lucro presumido para real, por exemplo);
❑ identificação de relevantes eventos subsequentes ocorridos após a data-base do exercício, revelados ou não;
❑ levantamento das principais alterações ocorridas no sistema de controle interno.

Risco de auditoria

O risco de auditoria pode ser avaliado como:

- ❑ risco relativo — risco de cada operação em relação à atividade auditada e desta em relação ao negócio da empresa; os esforços de auditoria devem ser concentrados nas operações e atividades de maior risco;
- ❑ risco inerente — possibilidade de ocorrência de erros ou irregularidades relevantes em função do próprio tipo de atividade da empresa auditada e do tipo de serviço efetuado em cada departamento; por exemplo, a área de compras é mais suscetível à ocorrência de erros ou irregularidades do que a área de vendas;
- ❑ risco de controle — risco de que os sistemas de controle possam falhar na prevenção ou detecção de erros ou irregularidades relevantes;
- ❑ risco de detecção — risco de nossos procedimentos de auditoria não descobrirem um eventual erro ou irregularidade relevante por não se examinar toda a evidência disponível, devido à ineficácia dos procedimentos adotados ou à ineficiência na aplicação dos procedimentos;
- ❑ risco de prestação de serviços — risco de a auditoria falhar por não haver compreendido as necessidades e expectativas da alta administração ou do comitê de auditoria.

A avaliação dos riscos de auditoria se torna a base inicial para que sejam elaborados os procedimentos a serem aplicados nos trabalhos dos auditores.

Procedimentos de auditoria

Os procedimentos de auditoria são necessários para auxiliar o planejamento da auditoria e fortalecer o entendimento global dos negócios da empresa auditada, e compreendem, numa visão geral, a análise das informações pertinentes e a discussão dos resultados com a gerência da empresa.

Na análise de informações pertinentes, os procedimentos analíticos aplicados ao planejamento da auditoria geralmente consideram os dados agregados em um nível razoavelmente alto, tais como dados financeiros por segmentos, operações ou linhas de produtos específicas.

Os procedimentos analíticos, que são baseados no julgamento, podem variar amplamente, dependendo do porte e complexidade do cliente e da existência de relações significativas.

Para algumas empresas auditadas, os procedimentos analíticos podem consistir em revisão de alterações nos saldos de contas entre o ano anterior e o ano corrente, usando o razão geral ou então balancetes de verificação preliminares ou não ajustados. Em contraste, no caso de outros trabalhos de auditoria, os procedimentos analíticos podem envolver uma ampla análise das demonstrações contábeis trimestrais. Em ambos os casos, os procedimentos analíticos, combinados com o conhecimento do negócio, servem de base para indagações adicionais.

As informações típicas consideradas incluem:

❑ relatórios gerenciais e dados analíticos preparados rotineiramente pelo cliente para administrar seu negócio;
❑ dados financeiros dos períodos corrente e anterior;
❑ informações de natureza não financeira, por exemplo: informações sobre volumes de produção, vendas ou participação de mercado da organização;
❑ informações públicas, com atenção a referenciais e dados divulgados sobre os concorrentes;
❑ orçamentos e previsões do cliente.

Muitas vezes, a gerência da empresa auditada aplica procedimentos analíticos como parte de sua monitoração do negócio.

Podemos considerar a possibilidade de usar os procedimentos analíticos da gerência do cliente para identificar tendências, flutuações e relações anormais.

O planejamento da auditoria normalmente inclui reuniões com a gerência da empresa auditada que auxiliam a entender melhor o negócio da empresa e confirmar a interpretação dos resultados dos procedimentos analíticos.

As informações discutidas nessas reuniões incluem:

❑ questões de negócios e acontecimentos na área de contabilidade, por exemplo: se planejarmos a auditoria pressupondo que uma divisão vai ser vendida durante o ano, podemos procurar confirmação de que a venda está prosseguindo como se pretendia originalmente;

❑ a posição financeira do cliente, o resultado de suas operações e seus fluxos de caixa para o período;

❑ tendências recentes, variações em relação ao ano anterior ou em relação aos valores orçados e possíveis acontecimentos futuros.

Objetivos dos procedimentos de auditoria

Os procedimentos de auditoria têm por objetivo a identificação de contas, classes de transações e afirmações contidas nas demonstrações contábeis, quando significativas.

Normalmente, as discussões com a empresa e o entendimento do negócio mostram quais contas das demonstrações contábeis são significativas. Significativo quer dizer mais do que o valor do saldo da conta. Isso porque o saldo é o valor líquido das transações que fluem pela conta. Uma conta com um pequeno saldo monetário, tal como caixa, talvez seja significativa porque é o saldo líquido de duas classes de transações significativas: pagamentos e recebimentos.

Os saldos das contas refletem as classes de transações (incluindo as estimativas contábeis, transferências internas e alocações) reconhecidas durante o período. Os saldos incluem: transações rotineiras e não rotineiras e estimativas contábeis.

As classes de transações significativas nessas três categorias são usadas para avaliar o risco de erros ou irregularidades significativos.

A gerência da empresa pode afirmar que as demonstrações contábeis estão apropriadamente apresentadas. Ao fazer essa afirmação geral, a gerência do cliente também implicitamente faz afirmações mais detalhadas sobre os saldos das contas individuais, sobre as classes de transações e sobre outros dados apresentados nas demonstrações contábeis.

As afirmações de auditoria podem ser classificadas como:

- ❑ integridade — não existem ativos, passivos ou classes de transações não registradas que exijam reconhecimento nas demonstrações contábeis;
- ❑ existência ou ocorrência — um ativo ou passivo existe num dado momento; uma transação ou classe de transações ocorreu durante o período coberto pelas demonstrações contábeis. Um sinônimo, em certos contextos, é validade;
- ❑ precisão — os detalhes dos ativos, passivos e classes de transações são registrados, processados e relatados quanto a parte, data, descrição, quantidade e preço;
- ❑ valorização — os ativos e passivos são registrados ao valor contábil apropriado;
- ❑ propriedade — a entidade detém os direitos apropriados (por exemplo, título) aos ativos refletidos nas demonstrações contábeis e os passivos constituem obrigações apropriadas da entidade (às vezes mencionados como direitos e obrigações);
- ❑ apresentação e divulgação — as informações apropriadas são divulgadas, classificadas e descritas de acordo com políticas contábeis aceitáveis e, se aplicável, exigências legais.

Os procedimentos de auditoria podem ser desenvolvidos de várias formas, dependendo do objetivo definido. Os vários tipos de procedimentos serão apresentados a seguir.

Tipos de procedimento

Podemos dividir os tipos de procedimento de auditoria em seis grupos: observação, indagação, análise, verificação, investigação e avaliação. Os primeiros cinco fazem parte do processo de mensuração e o último é a avaliação dos resultados.

Observação. Talvez seja a técnica mais difícil, pois constitui um exame visual para medir um processo, com base em padrões mentalizados pelo auditor. Dessa forma o sucesso da observação depende em larga escala da experiência do auditor.

Embora a observação seja importante, geralmente caracteriza-se como uma fase preliminar do exame de auditoria e é bastante eficaz em inúmeros casos: dispositivos de segurança, violações de segurança, comportamento do pessoal, condições de perigo, entre outros.

Indagação. Pode ser oral ou escrita. A oral é mais difícil, pois constitui uma arte. Para a obtenção da verdade é necessário colocar a pergunta de tal forma que não fira suscetibilidades. Algumas perguntas, pelo modo como são formuladas, tendem a provocar uma resposta positiva. Por exemplo: "Você sempre mantém as portas do almoxarifado fechadas?". Deve ser substituída por: "De que forma você mantém a segurança do almoxarifado?". As perguntas devem ser sempre confirmadas por uma segunda pessoa.

Análise. Compreende a divisão de uma entidade complexa para determinar sua verdadeira natureza. A análise envolve a dissecação dos componentes de uma função, atividade ou massa de transações com a finalidade de estabelecer o inter-relacionamento entre as partes individuais.

Verificação. É o instrumento mais antigo do auditor e significa atestar a veracidade, exatidão, integridade ou autenticidade do objeto sob exame. Neste grupo podemos incluir a confirmação, que é o processo de atestar um documento ou registro, pela corroboração de terceiros; a conciliação; a contagem física; a conferência de cálculos etc.

Investigação. Constitui a técnica de inquisição sistemática e profunda com a intenção de revelar fatos e estabelecer a verdade.

Geralmente a investigação ocorre como parte ou consequência dos resultados da aplicação das outras técnicas de exame. Ela inclui, porém não está restrita à apuração de irregularidades. Pode ser simplesmente aplicada para satisfazer a necessidade do auditor em conhecer a verdade sobre uma transação ou uma série de transações.

Nesse ponto é necessário esclarecer quanto à profundidade de investigação no caso de suspeita de irregularidade. A responsabilidade profissional do auditor na apuração dos fatos deve cessar no momento em que o curso da investigação depende de considerações criminais ou legais. Nessa altura o auditor deve recorrer a pessoas tecnicamente habilitadas.

Avaliação. Em auditoria significa o ato de desenvolver o julgamento profissional.

Após observar, indagar, analisar ou verificar, o auditor avalia os resultados e emite uma opinião. O auditor só pode ser considerado um profissional completo quando tem a capacidade de avaliar tudo o que examina, no sentido dos objetivos e padrões estabelecidos e parte para a seleção dos procedimentos.

Seleção dos procedimentos

A evidência de auditoria é o tijolo com que se constrói nossa auditoria. Formamos nossa opinião de auditoria tirando conclusões baseadas nas evidências que obtemos executando procedimentos de auditoria. Existem duas categorias de procedimentos de auditoria:

- testes de controles, que coletam evidência de auditoria sobre a eficácia do desenho e operação do controle interno para prevenir ou para detectar e corrigir erros ou irregularidades significativos;
- procedimentos de auditoria substantivos, incluindo procedimentos analíticos e testes de detalhes, que coletam evidência de auditoria sobre se as afirmações contidas nas demonstrações contábeis cobertas pelos objetivos de auditoria estão livres de erros ou irregularidades significativos.

Existe uma relação direta entre o risco de erros ou irregularidades significativas nas afirmações contidas nas demonstrações contábeis e a evidência de auditoria que necessitamos obter de nossos procedimentos de auditoria substantivos. Quanto maior o risco de erros ou irregularidades significativas, mais persuasiva será a evidência de que necessitamos.

À medida que esse risco cai, podemos modificar nossos procedimentos substantivos alterando sua natureza, época de aplicação e/ou extensão. Por exemplo:

- executar mais procedimentos analíticos e menos testes de detalhes;
- executar mais procedimentos de auditoria antes do fim do ano;
- confirmar menos saldos de contas a receber.

Mesmo se o risco for pequeno, não eliminamos totalmente os procedimentos de auditoria substantivos para um objetivo de auditoria. Podemos obter evidência de auditoria substantiva executando ou procedimentos analíticos, ou testes de detalhes.

Apresentamos a seguir os principais procedimentos de auditoria aplicáveis a cada área das demonstrações contábeis.

Área: Disponibilidades

Procedimentos e objetivos

- ❑ Contagem de caixa — confirmar a existência do numerário em caixa.
- ❑ Circularização de instituições financeiras — obter informações sobre saldos em contas correntes bancárias e aplicações financeiras diretamente das instituições financeiras.
- ❑ Teste de aplicações financeiras — verificar as aplicações, resgates, cálculos e apropriações de rendimentos e adequação das taxas obtidas nas aplicações.
- ❑ Teste das reconciliações bancárias — verificar a adequação dos procedimentos de reconciliações bancárias aplicados pela empresa.
- ❑ Teste de transferências bancárias — verificar o prazo entre a saída do recurso de uma conta e a entrada na outra, e a adequação das transferências.
- ❑ Teste de liquidação subsequente — verificar a liquidação de itens pendentes em determinada data, por exemplo, o resgate de uma aplicação financeira.

Área: Direitos perante os clientes

Procedimentos

- ❑ Circularização de clientes — confirmar o saldo de determinados clientes diretamente dos devedores.
- ❑ Teste de vendas — verificar a adequação e cumprimento dos procedimentos de vendas.
- ❑ Teste de *aging-list* (resumo por tempo de vencimento) — verificar o nível de inadimplência dos clientes e adequação da provisão para devedores duvidosos.

- Teste de *tie-up* (amarração) — verificar se o total de duplicatas a receber confere com os controles de portadores das duplicatas, tais como bancos, escritórios de cobrança e vendedores.
- Análise da adequação do ajuste para devedores duvidosos — verificar se o valor provisionado é suficiente para cobrir prováveis perdas com devedores.
- Teste de liquidação subsequente — verificar a liquidação de duplicatas em aberto na data das demonstrações contábeis e que venceram até a data do exame de auditoria.
- Inventário de duplicatas a receber em carteira — confirmar a existência de duplicatas em carteira.

Área: Estoques

Procedimentos

- Circularização — obter confirmação direta de terceiros de mercadorias de propriedade da empresa em poder de terceiros ou de propriedade de terceiros em poder da empresa.
- Inventário físico — confirmar a existência dos estoques.
- Teste dos custos de produção — conferir a adequação dos procedimentos de apuração e registro dos custos de produção.
- Teste de compras — verificar a adequação e cumprimento dos procedimentos de compras.
- Teste de custo ou mercado — compara o custo do estoque com o valor de mercado a fim de identificar necessidade de constituir provisão para perdas.
- Teste do ajuste para perdas — verificar se a provisão para perdas é suficiente para cobrir perdas prováveis na realização dos estoques.
- Teste de importações — conferir a adequação dos procedimentos de importação e os cálculos de custos das importações.

Área: Demais contas a receber

Procedimentos

- ❏ Circularização — obter confirmação do saldo diretamente dos devedores.
- ❏ Análise da adequação da provisão para devedores duvidosos — verificar se o valor provisionado é suficiente para cobrir prováveis perdas com devedores.

Área: Realizável a longo prazo

Procedimentos

- ❏ Circularização — obter confirmação do saldo diretamente dos devedores.
- ❏ Análise da adequação da provisão para devedores duvidosos — verificar se o valor provisionado é suficiente para cobrir prováveis perdas com devedores.
- ❏ Teste da provisão para perdas — verificar se a provisão para perdas é suficiente para cobrir perdas prováveis na realização dos estoques de longo prazo.
- ❏ Teste da movimentação e dos saldos finais das contas — resumo da movimentação das contas para identificar operações relevantes.

Área: Investimentos

Procedimentos

- ❏ Circularização — confirmar a existência de investimentos custodiados com terceiros.
- ❏ Teste da provisão para perdas — verificar se a provisão para perdas é suficiente para cobrir perdas prováveis na realização dos investimentos.
- ❏ Teste de adições e de baixas — verificar a adequação e cumprimento dos procedimentos de aquisições, vendas e baixas de investimentos.

❏ Teste dos valores de equivalência patrimonial — conferir se o resultado de equivalência patrimonial foi adequadamente calculado em relação ao patrimônio líquido dos investimentos.

❏ Contagem de títulos — verificar a existência de investimentos em carteira.

Área: Imobilizado

Procedimentos

❏ Inventário físico — confirmar a existência de bens imobilizados.

❏ Teste de adições e de baixas — verificar a adequação e cumprimento dos procedimentos de aquisições, vendas e baixas de ativos imobilizados.

❏ Cálculo global da depreciação — conferir os cálculos da depreciação do período.

❏ Análise de ônus sobre imóveis — verificar a existência de bens dados em garantia de empréstimos.

Área: Intangível

Procedimentos

❏ Teste de adições e baixas — conferir a documentação relativa aos valores adicionados e os critérios e autorizações para baixas.

❏ Cálculo global da amortização — conferir os valores apropriados como amortizações.

❏ Análise da adequação da classificação — verificar se os valores classificados como Intangível realmente atendem aos critérios de reconhecimento e avaliação.

Área: Fornecedores

Procedimentos

☐ Circularização de fornecedores — confirmar o saldo de determinados fornecedores diretamente dos credores.

☐ Teste de liquidação subsequente — verificar a liquidação de duplicatas em aberto na data das demonstrações contábeis e que venceram até a data do exame de auditoria.

Área: Empréstimos e financiamentos

Procedimentos

☐ Circularização — obter informações sobre empréstimos e financiamentos diretamente das instituições financeiras.

☐ Análise das garantias — verificar se as garantias de financiamentos estão devidamente evidenciadas.

☐ Teste do cumprimento das cláusulas contratuais — verificar se as cláusulas contratuais relativas a pagamentos e obrigações acessórias estão sendo cumpridas.

☐ Teste de obtenções e liquidações — verificar a adequação dos procedimentos para obtenção de empréstimos e financiamentos e o cumprimento dos prazos de pagamentos.

☐ Cálculo global dos encargos — conferir a adequação dos cálculos e apropriações dos encargos sobre empréstimos e financiamentos.

☐ Teste de liquidação subsequente — verificar a liquidação de obrigações em aberto na data das demonstrações contábeis e que venceram até a data do exame de auditoria.

Área: Imposto de renda a pagar

Procedimentos

☐ Teste da liquidação do saldo anterior — verificar o pagamento dos impostos na data de vencimento.

❏ Revisão do cálculo do imposto a pagar — conferir a adequação do cálculo e registro dos impostos.

Área: Obrigações tributárias

Procedimentos

❏ Revisão das conciliações dos saldos contábeis com fontes independentes — verificar se os valores contabilizados são compatíveis com a escrituração dos livros fiscais.
❏ Revisão dos cálculos, inclusive cálculo global quando aplicável — conferir a adequação do cálculo dos impostos.
❏ Teste de liquidação subsequente — verificar se os tributos estão sendo recolhidos nas datas de vencimento.

Área: Obrigações trabalhistas

Procedimentos

❏ Revisão das conciliações dos saldos contábeis com fontes independentes — conferir os valores contabilizados com os demonstrativos e resumos elaborados pelo departamento de recursos humanos.
❏ Teste de folha de pagamento — verificar a adequação dos procedimentos de elaboração e aprovação da folha de pagamentos.
❏ Teste das obrigações relativas a férias e 13º salário — verificar a adequação dos cálculos e registros contábeis da provisão para férias e 13º salário.
❏ Teste de liquidação subsequente — verificar se os encargos sociais estão sendo recolhidos nas datas de vencimento.

Área: Demais contas a pagar

Procedimentos

❏ Circularização — obter informações sobre obrigações da empresa diretamente dos credores envolvidos.

- Teste de liquidação subsequente — verificar a liquidação de obrigações em aberto na data das demonstrações contábeis e que venceram até a data do exame de auditoria.

Área: Patrimônio líquido

Procedimentos

- Inspeção dos registros de ações — verificar os procedimentos para aumento de capital e emissão de ações ou cotas.
- Inspeção do registro do capital — conferir o registro do capital nos órgãos competentes.
- Cálculo das distribuições e destinações do lucro — verificar a adequação do cálculo de reservas e dividendos em relação ao estatuto social e à legislação societária.

Área: Resultado — receitas e despesas

Procedimentos

- Cruzamento dos valores testados em outras áreas — conferir o registro contábil das receitas e despesas identificadas nos procedimentos de auditoria aplicados nas diversas áreas do balanço patrimonial.
- *Voucher* (documentação) de despesas e receitas — conferir a adequação e aprovação dos documentos que constituem suporte do registro das receitas e despesas.
- Revisão analítica — comparação dos saldos de receitas e despesas deste exercício com os saldos do exercício anterior e dos valores mensais de receitas e despesas a fim de identificar registros ou saldos anormais.

Área: Outras áreas

Procedimentos

- ❏ Cobertura de seguros — verificar a adequação das coberturas de seguro.
- ❏ Circularização de seguradoras — obter diretamente das seguradoras informações sobre apólices de seguro em aberto.
- ❏ Obtenção de carta de representação dos administradores — obter carta dos administradores confirmando sua responsabilidade sobre as demonstrações contábeis e a inexistência de outras operações além das reportadas nas demonstrações contábeis.
- ❏ Circularizar assessores jurídicos internos e externos — obter informações sobre litígios contra ou a favor da empresa e analisar a necessidade de constituição de provisão para perdas contingentes.
- ❏ Revisão analítica — comparar a evolução de saldos ao longo do exercício e comparar com o exercício anterior para identificar saldos ou variações irregulares.

Além dos procedimentos aplicáveis às várias áreas operacionais e aos registros contábeis, é necessário confirmar a confiabilidade do sistema de processamento eletrônico de dados conforme será detalhado a seguir.

Ambientes afetados por processamento eletrônico de dados

Com o incremento do uso da tecnologia da informação (TI), cada vez mais os ambientes estão afetados por processamento eletrônico de dados. Dessa forma, as transações vêm sendo realizadas e registradas cada vez mais de forma automática, o que obriga o auditor a, além de conhecer auditoria, conhecer, também, informática, de modo a entender o processamento de informações, ter condições de revisá-lo e, ainda, aplicar seus próprios procedimentos. Nesse contexto, não é raro encontrar na equipe de auditoria *experts* em TI, bem como o uso de softwares extratores de dados.

De acordo com Silva Filho (2004), a informação compreende qualquer conteúdo que possa ser armazenado ou transferido de algum modo, servindo a determinado propósito e sendo de utilidade ao ser humano. Trata-se de tudo aquilo que permite a aquisição de conhecimento. Nesse sentido, a informação digital é um dos principais, se não o mais importante, produto da era atual. Ela pode ser manipulada e visualizada de diversas maneiras. Assim, à medida que a informação digital circula pelos mais variados ambientes, percorrendo diversos fluxos de trabalho, ela pode ser armazenada para os mais variados fins, possibilitando que seja lida, modificada ou até mesmo apagada.

A segurança da informação compreende um conjunto de medidas que visam proteger e preservar informações e sistemas de informações, assegurando-lhes integridade, disponibilidade, não repúdio, autenticidade e confidencialidade.

Esses elementos constituem os cinco pilares da segurança da informação e, portanto, são essenciais para assegurar a integridade e confiabilidade em sistemas de informações. Assim, esses pilares, juntamente com mecanismos de proteção, têm por objetivo a provisão de suporte à restauração de sistemas de informações, adicionando-lhes capacidades de detecção, reação e proteção. Os componentes criptográficos da segurança da informação tratam da confidencialidade, integridade, não repúdio e autenticidade.

Ressalte-se que o uso desses pilares é feito em conformidade com as necessidades específicas de cada organização. Dessa forma, ele pode ser determinado pela suscetibilidade das informações ou sistemas de informações, pelo nível de ameaças ou por quaisquer outras decisões de gestão de riscos. É preciso perceber que esses pilares são essenciais no mundo atual, onde se têm ambientes de natureza pública e privada conectados globalmente. Nesse contexto, torna-se necessário dispor de uma estratégia, levando em conta os pilares acima mencionados, a fim de compor uma arquitetura de segurança que venha unificar os propósitos dos cinco pilares.

Com base no exposto, a confidencialidade oferece suporte à prevenção de revelação não autorizada de informações, além de manter dados e recursos ocultos a usuários sem privilégio de acesso. Já a integridade previne a modificação não autorizada de informações. Por outro lado, a disponibilidade de prover suporte a um acesso confiável e prontamente disponível a informações implica dados e sistemas prontamente disponíveis e confiáveis. Adicionalmente, o não repúdio e autenticidade compreendem o que poderia ser denominado responsabilidade final e, dessa forma, busca-se fazer a verificação da identidade e autenticidade de uma pessoa ou agente externo de um sistema a fim de assegurar a integridade de origem.

Os pilares apontados visam prover os sistemas de informações contra os mais variados tipos de ameaças como, por exemplo:

❑ revelação de informações — em casos de espionagem;
❑ fraude — não reconhecimento da origem, modificação de informações ou mesmo caso de espionagem;
❑ interrupção — modificação de informações;
❑ usurpação — modificação de informações, negação de serviços ou espionagem.

Vale ressaltar que essas ameaças podem ser de diversas naturezas e, nesse sentido, são, geralmente, classificadas como passivas, ativas, maliciosas e não maliciosas. Para lidar com essas ameaças, torna-se necessária a definição de políticas e mecanismos de segurança, para dar suporte à:

❑ prevenção — evitar que invasores violem os mecanismos de segurança;

❑ detecção — habilidade de detectar invasão aos mecanismos de segurança;

❑ recuperação — mecanismo para interromper a ameaça, avaliar e reparar danos, além de manter a operacionalidade do sistema caso ocorra invasão ao sistema.

Algumas questões de natureza operacional surgem em decorrência da necessidade de prover suporte à segurança de sistemas de informações.

❑ É menos dispendioso prevenir ou corrigir danos?

❑ Qual o grau de segurança a ser imposto aos sistemas de informações?

❑ Qual o nível de legalidade das medidas de segurança desejadas?

Tendo em vista a regulamentação do CFC, o objetivo e o escopo geral de uma auditoria não mudam em um ambiente de processamento eletrônico de dados (PED). Entretanto, a utilização de um computador muda o processamento, armazenamento e comunicação das informações contábeis, e pode afetar os sistemas de controles internos e contábeis utilizados pela entidade. Consequentemente, um ambiente de PED pode afetar:

❑ os procedimentos seguidos pelo auditor para obter um entendimento suficiente dos sistemas de controles internos e contábeis;

❑ a avaliação do risco inerente e do risco de controle por meio dos quais o auditor chega à avaliação de risco de auditoria;

❑ o planejamento e execução dos testes de controle e aplicação de procedimentos substantivos adequados para alcançar o objetivo de auditoria por parte do auditor.

Assim, como mencionado, o auditor deve ter conhecimento suficiente do ambiente de PED para planejar, executar, supervisionar e revisar o trabalho realizado pela equipe de auditoria. Deve, pois, considerar a necessidade, ou não, de utilizar especialistas com experiência em ambiente de PED. Essa experiência pode ser necessária para:

- ❑ obter entendimento suficiente dos sistemas de controles internos e contábeis afetados pelo ambiente de PED;
- ❑ determinar o efeito do ambiente de PED em relação à avaliação do risco total e do risco nas demonstrações contábeis e no nível de classe de transações;
- ❑ planejar e aplicar testes adequados de controle e procedimentos substantivos.

Se for considerada necessária a utilização de especialista com experiência e capacidade técnica para entender e atuar em ambiente de PED, o auditor deve procurar a ajuda de profissional que possua essa capacidade, que tanto pode ser da sua equipe ou profissional externo. No caso de utilização de profissional externo, o auditor deve obter evidência de auditoria suficiente de que esse trabalho é adequado para fins de auditoria, observando as normas profissionais que tratam da utilização do trabalho de especialista externo, visto que a responsabilidade final é do auditor.

Durante o planejamento das fases da auditoria, que podem ser afetadas pelo ambiente de PED da entidade, o auditor deve obter entendimento da relevância e complexidade das atividades do ambiente de PED e a disponibilidade de dados para serem utilizados na auditoria. A seguir, os assuntos que esse entendimento inclui.

- ❑ A relevância e a complexidade do processamento informatizado em cada aplicativo contábil significativo. A relevância refere-se à representatividade das assertivas contidas nas demonstrações contábeis afetadas pelo processamento informatizado. Um sistema informatizado pode ser considerado complexo quando, por exemplo: o volume de transações é tão grande, que os usuários considerariam difícil identificar e corrigir erros no processamento; o programa aplicativo gera, automaticamente, transações relevantes ou acessa, diretamente, outro(s) programa(s) aplicativo(s); o programa aplicativo efetua cálculos complexos de informações contábeis e/ou gera, automaticamente, transações relevantes ou acessos que não podem ser, ou não são, validados independentemente; as transações são intercambiadas eletronicamente com outros sistemas internos ou de terceiros, sem que haja revisão manual quanto à sua adequação ou razoabilidade.

❑ A estrutura organizacional das atividades de PED da entidade e a amplitude da concentração ou distribuição do processamento informatizado, particularmente, à medida que afetam a segregação de funções.

❑ A disponibilidade de dados, tais como documentos-fonte, certos arquivos informatizados e outras documentações comprobatórias, necessários ao trabalho do auditor. Essa disponibilidade pode existir apenas por um curto período ou apenas em arquivo eletrônico.

❑ A capacidade da estrutura de PED da entidade para gerar relatório interno útil para o desenvolvimento de testes substantivos e outros procedimentos analíticos.

❑ O potencial de utilização de técnicas de auditoria com o auxílio do computador, as quais propiciam maior eficiência na aplicação dos procedimentos de auditoria aos saldos de contas ou transações.

Quando o uso de sistemas informatizados for intensivo e gerar informações significativas, o auditor deve também obter entendimento do ambiente de PED, que possa influenciar a avaliação de riscos inerentes e de controle. A seguir, a natureza dos riscos e as características do controle interno que os ambientes de PED incluem.

❑ Falta de trilhas de transação — alguns sistemas de PED permitem que, apenas por um curto espaço de tempo ou somente em formato eletrônico, exista uma trilha de transação completa e útil para fins de auditoria. Pode não existir uma trilha completa, na qual um programa aplicativo complexo desempenhe muitas etapas de processamento. Consequentemente, eventuais erros de lógica em programas aplicativos complexos podem ser de difícil detecção, em tempo hábil, por meio de procedimentos manuais.

❑ Processamento uniforme das transações — o sistema informatizado processa, uniformemente, todas as transações com as mesmas instruções de processamento. Assim, os erros de compilação, comumente associados a processamento manual, são, virtualmente, eliminados. Inversamente, erros de programação, ou outros erros e falhas sistemáticos em hardware ou software, resultam em processamento incorreto de todas as transações.

❑ Falta de segregação de funções — muitos procedimentos de controle que seriam exercidos por vários indivíduos, de forma segregada em sistemas manuais, podem estar concentrados no PED. Consequentemente, um indivíduo que possui acesso a programas, processamento ou dados informatizados pode estar ocupando uma posição com o desempenho de funções incompatíveis.

❑ Possibilidade de erros e irregularidades — a existência de erros humanos no desenvolvimento, manutenção e execução de PED pode ser maior do que em sistemas manuais, em parte devido ao nível de detalhes relacionados a essas atividades. Além disso, a capacidade de os indivíduos obterem acesso não autorizado aos dados ou alterarem os dados sem evidência visível pode ser maior em um ambiente de PED do que nos sistemas manuais.

❑ Reduzido envolvimento humano — o manuseio das transações processadas pelo PED pode reduzir a capacidade de detecção de erros e irregularidades. Os erros ou as irregularidades que ocorrem durante o desenvolvimento, à modificação dos programas aplicativos ou de sistemas podem manter-se não detectados por longos períodos.

❑ Início ou execução das transações — o PED pode incluir a capacidade de iniciar e executar certos tipos de transações, automaticamente. A autorização dessas transações ou procedimentos pode não estar documentada da mesma maneira que aquelas presentes no sistema manual. Essa autorização por parte da administração pode ser implícita na aceitação do desenvolvimento e na alteração subsequente nos programas aplicativos.

❑ Dependência de outros controles sobre o processamento informatizado — o processamento informatizado pode produzir relatórios e outras informações que são utilizados na execução de procedimentos de controle manual. A eficácia desses procedimentos de controle manual pode depender da própria eficácia dos controles sobre a integridade e a exatidão do processamento informatizado. Por sua vez, a eficácia e a solidez da aplicação dos controles de processamento de transações nos programas aplicativos ficam, frequentemente, dependentes da eficácia de controles gerais do PED.

❑ Capacidade crescente para supervisão gerencial — o ambiente de PED pode oferecer à administração uma variedade de ferramentas analíticas úteis à revisão e à supervisão das operações da entidade. A utilização desses controles adicionais pode servir para melhorar a estrutura de controles internos.

❑ Capacidade para utilizar as técnicas de auditoria com o auxílio do computador — o processamento e a análise de grandes quantidades de dados com a utilização de recursos informatizados oferece ao auditor oportunidades para aplicar técnicas de auditoria ou utilizar ferramentas informatizadas, gerais ou especializadas para a execução de testes de auditoria.

Dessa forma, tanto os riscos quanto os controles decorrentes dessas características do ambiente de PED têm um forte impacto na avaliação de risco pelo auditor e, consequentemente, na determinação da natureza, na oportunidade e na extensão dos procedimentos de auditoria. Por isso o auditor de sistemas deve proceder à avaliação dos riscos inerentes e de controle para as assertivas contidas nas demonstrações contábeis. Os riscos inerentes de controle em ambiente de PED podem ter efeitos relevantes sobre todo o sistema contábil ou somente sobre contas específicas, como:

❑ os riscos podem resultar em deficiências generalizadas nas atividades de PED, tais como manutenção e desenvolvimento de programa, suporte de software, operações, segurança física do PED e controle sobre o acesso especial ou privilegiado a programas utilitários. Essas deficiências tendem a ter impacto generalizado em todos os programas aplicativos;

❑ os riscos podem aumentar a possibilidade de erros ou atividades fraudulentas em programas aplicativos específicos, em bases de dados ou arquivos-mestres específicos, ou em atividades de processamento específicas. Por exemplo, erros não são incomuns em sistemas que desenvolvem lógica ou efetuam cálculos complexos, ou que devam operar com muitas e diferentes exceções. Os sistemas informatizados que controlam atividades típicas de tesouraria são mais suscetíveis a ações fraudulentas por usuários ou pelo próprio pessoal do PED.

Nesse diapasão, à medida que as novas tecnologias de PED surgem, são, frequentemente, empregadas pelas entidades para formar de modo crescente sistemas informatizados complexos que podem incluir microcomputadores interagindo com computadores de grande porte, bases de dados distribuídas, processamento de usuário final e sistemas de gerenciamento de negócios que fornecem informações diretamente para os sistemas contábeis. Esses sistemas aumentam a sofisticação geral do PED e a complexidade dos programas aplicativos específicos por ele afetados. Como resultado, podem aumentar o risco e exigir considerações adicionais.

No que é pertinente à aplicação de procedimentos, o auditor deve levar em consideração o ambiente de PED no planejamento dos procedimentos de auditoria para reduzir o risco de auditoria a um nível aceitável. Os objetivos de auditoria não mudam se os dados contábeis forem processados manualmente ou pelo computador. Entretanto, os métodos de aplicação dos procedimentos de auditoria para obter evidências podem ser influenciados pelos métodos de processamento com o auxílio do computador.

Considerações finais

Neste capítulo foram abordados os principais aspectos relacionados ao desenvolvimento dos trabalhos de auditoria de demonstrações contábeis com ênfase nas normas aplicáveis ao planejamento dos trabalhos e identificação dos procedimentos de auditoria aplicáveis nos vários grupos em que se dividem as demonstrações contábeis.

No próximo capítulo serão apresentados os instrumentos utilizados pelo auditor para realização dos procedimentos determinados no planejamento e a forma como os trabalhos executados devem ser documentados nos papéis de trabalho.

4

Evidenciação dos trabalhos de auditoria

Neste capítulo, será apresentada a forma como os trabalhos de auditoria são efetuados e documentados, assim como os meios que o auditor aplica para evidenciar suas descobertas no desenvolvimento do trabalho de auditoria e emissão de sua opinião.

Programas de auditoria

Os programas de auditoria são compostos por planos de ação detalhados, para orientar o auditor na execução do exame.

O programa de auditoria deve ser individual e personalizado, ou seja, deve sempre ser preparado logo após o conhecimento preliminar da empresa a ser auditada e estar de acordo com o planejamento do trabalho. Qualquer tipo de programa deve ter as seguintes informações:

- ❏ a definição dos objetivos da atividade sob exame;
- ❏ uma lista dos controles existentes ou desejáveis;
- ❏ a descrição dos testes;

❏ o prazo estimado para completar o segmento da auditoria;
❏ comentários sobre os resultados dos testes.

Conceito e objetivo dos programas de auditoria

Os programas de auditoria evidenciam os passos que devem ser seguidos pelo auditor na aplicação dos procedimentos de auditoria e constituem uma forma eficaz de controle e documentação do trabalho realizado.

Os programas de auditoria podem incluir diversos tipos de procedimentos como:

❏ testes de controles internos (testes de conformidade);
❏ procedimentos de análise substantiva;
❏ amostragem substantiva e outros procedimentos de auditoria;
❏ procedimentos a serem aplicados com o objetivo de prestar serviços ao cliente (por exemplo, quando o cliente solicita que procedimentos especiais sejam aplicados em determinada área).

Os procedimentos a serem incluídos no programa de auditoria devem ser racionalmente organizados e definidos em um nível de detalhes suficiente para permitir a aplicação, pela equipe de auditoria, de forma eficaz e eficiente.

Elaboração e revisão

O programa de auditoria deve ser preparado de acordo com o citado, por um membro experiente da equipe de auditoria. O gerente de auditoria em conjunto com o sócio efetua a revisão e aprova os programas de auditoria antes do início do trabalho. Pode também ser necessário alterar os procedimentos à medida que a auditoria ocorre (podemos concluir que determinados controles internos não são eficazes) e nosso conhecimento da entidade aumenta. Essas alterações do programa também devem ser aprovadas, à medida que surgem pelo gerente ou sócio do trabalho.

Exemplos práticos

Como exemplos de programas de auditoria, a seguir estão relacionados os correspondentes às áreas de caixa, bancos e fluxos relacionados; contas a receber e fluxos relacionados; contas a pagar e fluxos relacionados; e patrimônio líquido.

Caixa, banco e fluxos relacionados — abordagem

Os recebimentos e desembolsos de caixa são examinados em outras seções do programa de auditoria. Devido à natureza desta conta, os objetivos e procedimentos de auditoria incluídos nesta área devem ser revisados e, quando apropriado, adaptados para atender às exigências específicas do trabalho.

Pontos que talvez façam com que se torne necessária a modificação ou ampliação dos objetivos e/ou procedimentos de auditoria: fundos significativos de caixa; cheques preenchidos e conservados no encerramento do balanço; dinheiro em cofres; extratos bancários não recebidos diretamente dos bancos; saques bancários a descoberto.

O quadro 10 traz um exemplo de programa de auditoria aplicável na área de caixa, bancos e fluxos relacionados.

Quadro 10

PROGRAMA DE AUDITORIA: CAIXA, BANCO E FLUXOS RELACIONADOS

Item	Procedimentos de auditoria
1	Solicitar ao auditado uma análise dos saldos de caixa, o mapa-resumo das reconciliações bancárias, conferir cálculos matemáticos e conferir o balancete com o razão geral e o razão analítico, se houver.
2	Verificar que todas as contas bancárias estão incluídas nas demonstrações contábeis com indagação e revisão dos papéis de trabalho do ano anterior.
3	Contar ou obter confirmação do saldo de caixa e verificar conciliações.
4	Solicitar confirmação na data do balanço, junto aos bancos com os quais a companhia fez negócios durante o ano.
5	Solicitar ao cliente ou ao banco os extratos bancários para 15 dias antes e após a data do balanço.
6	Solicitar ao cliente o mapa das transferências bancárias para alguns dias antes e após a data do balanço e verificar que foram adequadamente contabilizadas.
7	Ao receber a confirmação dos bancos e os extratos bancários: confirmar os saldos informados pelo banco com as reconciliações; verificar que outros assuntos confirmados (empréstimos, notas a pagar, ativos dados em caução etc.) foram adequadamente registrados e/ou divulgados; confirmar se há restrições sobre a disponibilidade de caixa.
8	No recebimento dos extratos bancários e de documentação para o corte de transações: confrontar os saldos dos extratos bancários com os saldos das reconciliações; verificar a liquidação subsequente dos ativos de débito e cheques pendentes nas reconciliações com os extratos bancários do mês subsequente; analisar as reconciliações e solicitar ao cliente os esclarecimentos para pendências antigas ou itens não usuais. Para as pendências de maior valor, para os quais os bancos ainda não enviaram os extratos do mês subsequente, solicitar ao cliente a documentação comprobatória (cheque, nota fiscal etc.) e fazer uma breve descrição do que se refere o pagamento. Verificar se os outros itens da reconciliação, além dos cheques pendentes e depósitos em trânsito, estão adequadamente contabilizados.
9	Investigar depósitos e desembolsos significantes para alguns dias antes e após a data do balanço e assegurar que estão registrados apropriadamente.
10	Documentar e revisar os pontos para divulgação (restrição à movimentação de saldos, garantias bancárias, saldos de recursos que suportam saldos de empréstimos etc.).

Contas a receber e fluxos relacionados — abordagem

Este ciclo de transação é o principal gerador de receita e é de importância primordial para o auditor. Os objetivos e procedimentos de auditoria incluídos nesta seção devem ser revisados e, quando necessário, adaptados para atender às necessidades específicas do exame. Outros pontos que talvez façam com que se torne necessária a modificação ou ampliação dos objetivos e/ou procedimentos de auditoria são:

- ❏ vendas à vista significantes;
- ❏ vendas em consignação;
- ❏ vendas entre companhias associadas ou partes relacionadas;
- ❏ duplicatas a receber;
- ❏ mercadorias entregues diretamente aos clientes pelos fornecedores;
- ❏ vendas substanciais de sucata;
- ❏ descontos ou abatimentos especiais;
- ❏ contratos a longo prazo e vendas a prestação;
- ❏ arrendamento, aluguel ou outras transações do tipo de financiamento;
- ❏ trocas não monetárias (permutas).

O quadro 11 apresenta um exemplo de programa de auditoria aplicável na área de contas a receber e fluxos relacionados:

Quadro 11

PROGRAMA DE AUDITORIA: CONTAS A RECEBER E FLUXOS RELACIONADOS

Item	Procedimentos de auditoria
1	Obter e conferir a exatidão aritmética da relação de contas a receber por idade de vencimento (*aging*), na data do balanço. Reconciliar o saldo com o razão geral e selecionar um determinado número de contas individuais constantes da relação e comparar com o registro auxiliar de contas a receber.
2	Considerar o custo-benefício de realizar os procedimentos de análise substantivos, tais como: vendas comparativas, recebimentos de caixa e devedores duvidosos, por linha de produto com valores

continua

AUDITORIA DAS DEMONSTRAÇÕES CONTÁBEIS

Item	Procedimentos de auditoria
	orçados; análise de índices de vendas e custo de vendas; giro de duplicatas a receber; saldo médio por cliente. O custo-benefício é determinado pela comparação do tempo estimado para executar os procedimentos de análise substantiva e o tempo economizado pela redução de testes substantivos de detalhes. Executar revisão analítica para um ou mais itens acima apresentarem custo-benefício favorável (veja itens 3 a 14).
3	Obter confirmação junto aos clientes do saldo de suas contas, inclusive de datas, taxas de juros etc.
4	Conferir as respostas das confirmações e investigar as exceções.
5	Remeter um segundo pedido de confirmação para os casos em que a primeira solicitação não tiver sido respondida (não se deve deixar de enviar uma segunda solicitação para os casos em que haja saldo e, nas raras ocasiões em que isso ocorrer, as razões devem ser cuidadosamente documentadas).
6	Quando não forem recebidas respostas a pedidos de confirmação de saldos existentes, aplicar procedimentos alternativos de auditoria (por exemplo, conferir os avisos de crédito, documentos de embarque, registros de faturamento, pedidos dos clientes e arquivo de correspondência).
7	Resumir os resultados da circularização e os procedimentos usados alternativamente.
8	Obter uma análise e verificar se estão corretos os cálculos aritméticos da provisão para devedores duvidosos, e reconciliar com as respectivas despesas contabilizadas no razão geral.
9	Testar o *aging list* (relação de contas a receber por idade de vencimento).
10	Analisar o *aging list* de contas a receber para obter evidências sobre a suficiência de provisão para devedores duvidosos e para identificar certas contas que necessitem de uma análise profunda.
11	Certificar-se da realização das contas a receber através de discussão com os diretores responsáveis e inspeção de documentação de recebimentos subsequentes. Examinar correspondência a respeito, análise do valor de garantias, avaliação do cadastro de devedor etc.
12	Com base nos itens 9 a 11, determinar se a provisão para devedores duvidosos está suficiente e se as despesas relacionadas são adequadas e estão devidamente registradas.
13	Examinar comprovantes de baixas de contas a receber durante o ano contra a provisão para devedores duvidosos.

continua

Item	Procedimentos de auditoria
14	Realizar testes de detalhes nos passos a seguir, se necessário. Certificar-se de que, para os documentos de embarque selecionados, as vendas registradas no limite estão corretamente contabilizadas na conta de vendas e no razão auxiliar de contas a receber, e que os impostos referentes a essas vendas estão corretamente lançados. Certificar-se de que para os períodos selecionados as vendas registradas na conta de vendas e no razão auxiliar de contas a receber estão apoiadas por notas fiscais. Certificar-se de que para os períodos selecionados os avisos de crédito bancário estão corretamente contabilizados no razão auxiliar de contas a receber. Conciliar os créditos no razão auxiliar de contas a receber com os débitos na conta de bancos para os períodos selecionados.
15	Para um período anterior e subsequente à data-base do balanço, conferir as vendas faturadas com os registros de embarque, a fim de verificar se foi realizado um corte adequado.
16	Revisar os recebimentos de caixa registrados antes e depois da data do balanço para certificar-se de que eles estão registrados no período de competência. Obs.: Coordenar esses procedimentos com aqueles realizados na área de caixa, para não haver duplicação de esforços.
17	Determine a extensão, se necessário, dos testes detalhados a seguir. Selecionar avisos de crédito durante o ano, examinar os comprovantes e seguir o curso dos lançamentos até o razão geral. Revisar as notas de crédito emitidas após a data do balanço para mercadorias devolvidas, descontos, abatimento etc., determinando que não há notas de crédito de valores significativos referentes às vendas do período sob exame. Obs.: Coordenar este procedimento com aqueles realizados na área de estoques e custo de vendas, para evitar duplicação de esforços.
18	Revisar a classificação de contas a receber (curto e longo prazos, saldos intercompanhias, saldos credores, contratos significativos de venda em seu final etc.).
19	Documentar os assuntos para divulgação e verificar na extensão considerada necessária com respeito às partes relacionadas, segmento, clientes significativos, dependência econômica, contratos de vendas significativos etc.

Contas a pagar, compras e pagamentos — abordagem

Esta seção do roteiro serve para assegurar a adequação e a classificação das despesas das demonstrações contábeis que não tenham sido especificamente incluídas em outras seções do roteiro. O termo "registro de comprovantes" é usado apenas por conveniência e trata-se do principal instrumento utilizado para a acumulação e lançamento das compras no razão geral. Em geral, os mesmos procedimentos de auditoria deverão ser aplicados sejam quais forem os meios usados para registrar as compras. Os objetivos de auditoria e procedimentos incluídos nesta seção devem ser revisados e, quando necessário, adaptados para atender às necessidades específicas do serviço. Outros pontos que talvez façam com que se torne necessária a modificação ou ampliação dos objetivos e/ou procedimentos de auditoria são: consignações, trocas não monetárias (permutas), compras entregues diretamente ao cliente pelo fornecedor, compras entre companhias (controladas ou coligadas) e compras de companhias relacionadas.

O quadro 12 apresenta exemplo de programa de auditoria aplicável na área de contas a pagar, compras e pagamentos.

Quadro 12

PROGRAMA DE AUDITORIA: CONTAS A PAGAR, COMPRAS E PAGAMENTOS

Item	Procedimentos de auditoria
1	Obter e verificar a exatidão aritmética da listagem de contas a pagar no dia do balanço e reconciliar o saldo com o razão geral e balancete. Comparar um certo número de contas individuais escolhidas com o registro subsidiário detalhado de contas a pagar.
2	Considerar o custo-benefício da execução de procedimentos de análises substantivas, tais como: ❑ comparar saldos contábeis de contas a pagar, compras e pagamentos com orçamentos e períodos anteriores; ❑ razoabilidade da relação entre despesas do ano corrente com as do ano anterior; ❑ análises de vários índices para compras e contas a pagar; ❑ razoabilidade da relação entre despesas e receitas e apropriação e diferimentos.

continua

Item	Procedimentos de auditoria
	O custo-benefício é determinado comparando o tempo estimado para executar os procedimentos da análise substantiva com a redução do tempo com testes substantivos de detalhes. Executar uma revisão analítica de um ou mais dos itens acima se apresentar custo-benefício favorável.
3	Se considerar necessário, solicitar extratos dos principais fornecedores na data da contagem física ou do balanço. A seleção será baseada nos fornecedores com mais movimento e pode incluir contas cujo saldo é zero. Se a confirmação não é considerada necessária, o auditor deve considerar este fator na determinação do escopo dos procedimentos relacionados com teste de corte, teste dos saldos com documentos e revisão das transações subsequentes. O resultado das confirmações, se aplicado, também determinará o escopo dos procedimentos complementares.
4	Conferir os extratos fornecidos pelos fornecedores, se executar o passo anterior, com os saldos registrados e investigar as diferenças para determinar que uma carta adequada foi feita.
5	Conferir as faturas dos fornecedores, durante um período anterior e posterior à data do balanço, com registros de recebimentos e estes últimos com as faturas dos fornecedores, para verificar se foi feito um corte adequado.
6	Conferir os avisos de débitos dos fornecedores referentes às devoluções de compras com os registros de embarque e esses últimos com os avisos de débito, para determinar se foi feito um corte adequado.
7	Determinar a adequação das provisões de final de exercício referentes a contas a pagar e passivos provisionados, procurando encontrar passivos que não tenham sido registrados. Essa revisão deve englobar o período subsequente à data do balanço e incluir uma revisão das faturas, cartas de advogados e outros itens importantes.
8	Obter e conferir a exatidão aritmética de algumas análises (com valores comparativos para o ano anterior) de provisões e outros passivos correntes, e confrontar os saldos com o razão geral.
9	Assegurar-se de que a relação entre as contas de receitas e despesas e provisões e adiantamentos é razoável.
10	Comparar saldos do ano corrente com saldos dos anos anteriores e investigar motivos para flutuações significantes.

continua

AUDITORIA DAS DEMONSTRAÇÕES CONTÁBEIS

Item	Procedimentos de auditoria
11	Determinar a extensão, se necessário, para executar testes de detalhes como testes de documentos-suporte e testes aritméticos dos valores.
12	Obter e conhecer a exatidão aritmética de análises (com valores comparativos para o ano anterior) de despesas não testadas em outros programas e cruzar os valores com o razão e os papéis de trabalho do ano anterior.
13	Determinar a extensão e testar para os períodos selecionados: ❏ os relatórios operacionais e os registros de contas a pagar, provisões e lançamentos no razão; ❏ para as faturas selecionadas, comparar a classificação contábil e verificar a consistência em relação ao ano anterior; ❏ realizar os testes detalhados necessários para as faturas selecionadas, conferir a exatidão matemática e examinar os documentos-suporte indicando os bens e os serviços que foram recebidos.
14	Certificar-se de devoluções ou abatimentos registrados para fornecedores com documentação-suporte, se for significante.
15	Revisar a descrição e classificação das contas (curto ou longo prazos, intercompanhias, saldos devedores etc.).
16	Documentar pontos de divulgação e verificar se considerar necessário (partes relacionadas, resultados por divisões, dependência econômica, valores em longo prazo etc.).

Patrimônio líquido — abordagem

Os objetivos e procedimentos de auditoria contidos nesta seção deverão ser revisados e, caso necessário, adaptados às necessidades do serviço. Outros pontos que talvez façam com que se torne necessária a modificação ou ampliação dos objetivos e/ou procedimentos de auditoria são: direito de aumento do número de ações e outros planos; opções, garantias e subscrição de ações.

O quadro 13 apresenta exemplo de programa de auditoria aplicável na área patrimônio líquido.

Quadro 13

PROGRAMA DE AUDITORIA: PATRIMÔNIO LÍQUIDO

Item	Procedimentos de auditoria
1	Obter e conferir a exatidão aritmética da relação de: classes de ações do capital em circulação; capital integralizado; lucros acumulados; outras contas, conferindo-as com o razão geral.
2	Confrontar os saldos iniciais com os papéis de trabalho do período anterior.
3	Obter junto ao escritório e/ou agente autorizado a processar a transferência das ações, confirmação a respeito das ações de capital autorizado, emitidas etc.; comparar com os registros do cliente.
4	Se o cliente possuir seus próprios registros, inspecionar e contar os certificados de ações não emitidas, canceladas e readquiridas pela companhia.
5	Examinar a documentação comprobatória referente à emissão e baixa de ações em tesouraria, bem como outras transações significativas com o capital realizadas durante o exercício. Revisar as atas que autorizaram essas transações (se requerido).
6	Investigar as transações em lucros acumulados.
7	Verificar se os dividendos declarados ou pagos durante o exercício foram corretamente registrados.
8	Verificar os cálculos do cliente referentes às restrições sobre os lucros acumulados e dividendos em atraso.
9	Revisar a classificação e descrição das contas nas demonstrações contábeis.
10	Documentar pontos para divulgação e verificar documentação-suporte se for necessário.

Avaliação dos controles internos

A evidência de auditoria sobre a eficácia do controle interno é obtida por meio da execução dos testes de controles planejados. Após levantamento das rotinas operacionais e identificação dos controles internos aplicados na área sob exame, os programas de auditoria, se necessário, devem ser adaptados para assegurar que os testes forneçam evidência suficiente e satisfatória dos procedimentos auditados. Após aplicação dos procedimentos de avaliação dos controles internos, eventuais desvios de procedimentos identificados devem ser comunicados e discutidos com a gerência da área e posteriormente relatados na carta de recomendações de melhorias de controle interno que será encaminhada à administração da empresa auditada.

Conceito e objetivo do controle interno

Na fase de planejamento da abordagem de auditoria que será aplicada para atendimento dos objetivos de auditoria, são identificadas as atividades dos componentes do sistema de controles internos julgados eficazes para prevenir, ou para detectar e corrigir, erros ou irregularidades significativos. As atividades identificadas formam a base para avaliações preliminares do risco de controle que poderá ser classificado como alto, baixo ou moderado para esses objetivos de auditoria e a base para modificar a natureza, época de aplicação e/ou extensão dos procedimentos de auditoria substantivos planejados.

Os testes de controles que serão aplicados para atendimento dos objetivos de auditoria geralmente consistem na combinação de indagação, observação e inspeção de documentos, mas também envolvem outras técnicas de auditoria. O objetivo dos testes de controles é obter evidência de auditoria sobre:

❑ eficácia do sistema de controles internos — o sistema é apropriado para prevenir, detectar e corrigir os erros e irregularidades significativas?
❑ cumprimento das atividades específicas do sistema de controles internos — as atividades são executadas como projetado? A evidência de auditoria coletada assegura a efetividade das atividades de controle executadas, o modo como essas atividades são executadas, e por quem são executadas.

Indagação é uma técnica importante tanto para entender o controle interno como para executar testes de controles para obter evidência de auditoria de que o controle interno é eficaz.

A indagação é mais do que simplesmente pedir ao pessoal do cliente que confirme que executam determinadas atividades. Os seguintes aspectos devem ser considerados na fase de indagação:

❏ considerar o conhecimento, independência e qualificações da pessoa a ser entrevistada;

❏ fazer perguntas claras, concisas e abertas que não possam ser respondidas simplesmente com "sim" ou "não". Perguntas abertas promovem respostas completas e detalhadas. As perguntas fechadas restringem a resposta do entrevistado e são mais indicadas quando se quer confirmar um ponto;

❏ ouvir ativa e eficazmente. Encorajar o entrevistado a prestar informações ouvindo ativamente. Bons ouvintes têm um apelo poderoso, porque encorajam as pessoas a falar. Ouvir eficazmente exige uma mente aberta;

❏ considerar a resposta do entrevistado e fazer perguntas de acompanhamento. Isso requer uma atitude de ceticismo profissional. Não aceitar respostas importantes sem análise e, da mesma forma, não as rejeitar sem melhor análise. Se o entrevistado dá uma resposta aparentemente imprópria, ou entende mal o ponto, a pergunta deve ser reformulada;

❏ concluir com um breve sumário de entendimento dos fatos. Isso permite ao entrevistado confirmar o entendimento do auditor.

Reexecução é um termo muito usado para se referir a um teste de controles que consiste na execução de uma atividade uma segunda vez, para assegurar que os funcionários encarregados de uma responsabilidade a desempenharam corretamente. A reexecução normalmente consiste em uma combinação de cálculo, comparação, indagação, inspeção e observação. Outras técnicas de auditoria — confirmação e inspeção física — podem também fornecer evidência de auditoria, direta ou indiretamente, sobre a eficácia dos controles internos.

Walk-through é um termo muitas vezes usado para se referir a uma combinação de indagação, inspeção e observação executadas para obter um entendimento do controle interno. Um *walk-through*, por si só, normalmente não fornece evidência de auditoria persuasiva e suficiente sobre a eficácia do projeto e operação do controle interno.

Exemplo prático de avaliação de controle interno

A evidência de auditoria apropriada e suficiente sobre a eficácia do controle interno depende da natureza, época de aplicação e extensão dos testes de controles. A auditoria dos testes de controles dos anos anteriores pode ser considerada evidência de auditoria apropriada e suficiente sobre a eficácia do projeto e operação do controle interno, desde que seja devidamente revisada e confirmada.

Algumas atividades de controle dentro do sistema de controles internos que formam a base para avaliação final de risco de controle como moderado ou baixo não mudam, ou mudam muito pouco de um ano para outro. A auditoria deve confirmar se:

- ❑ os procedimentos de controle automatizados continuam a operar consistentemente até serem alterados;
- ❑ podem ser testadas as atividades de controle de desenvolvimento de sistemas no período em que estejam sendo implantados;
- ❑ nos períodos subsequentes, podem ser focalizadas as atividades de controle relacionadas com a segurança e manutenção do sistema.

É necessário obter segurança de auditoria sobre a eficácia do projeto e operação dos controles internos para cada objetivo de auditoria para o qual será aplicada uma abordagem baseada em sistemas. Nesse contexto, pode variar a natureza, época de aplicação e extensão dos procedimentos de auditoria aplicados como testes de controles de um ano para outro. Por exemplo:

- variar as combinações de procedimentos de auditoria, como indagação, observação e inspeção;
- variar as datas de execução de testes de controles antes do fim do ano;
- aplicar testes mais extensos a certos controles em alguns anos e para outros controles em outros anos;
- variar os locais selecionados para testes de controles quando uma entidade tiver muitos locais sujeitos às mesmas atividades de controle.

A escolha de procedimentos de auditoria é influenciada pelo tipo de entidade que está sendo auditada. Por exemplo, para sistemas baseados em tecnologias informatizadas, o controle interno enfatiza mais os controles gerais computadorizados, relatórios de exceções e outras atividades de monitoração.

Os testes de controles tendem a envolver técnicas de indagação, observação e inspeção. Por exemplo, se o controle interno for baseado em atividades de controle, tais como segregação de funções, reexecução de procedimentos por uma segunda pessoa e conciliações, os testes de controles tendem a envolver inspeção de documentos e reexecução de técnicas.

Nem sempre um único procedimento de auditoria é eficaz. Por exemplo, as pessoas entrevistadas podem dar as respostas que acham que o auditor quer ouvir, em vez de dizer o que realmente acontece. O auditor pode inconscientemente conduzir o entrevistado e obter as respostas esperadas, mas que talvez não sejam corretas.

A observação fornece evidência direta de auditoria sobre a atividade observada somente no momento da observação. Quando as conclusões são estendidas para períodos em que a atividade não é observada, deve-se levar em conta a possibilidade de a atividade não ter sido executada ou ter sido com menos cuidado.

Inspecionar documentos que indicam a execução (por rubrica ou assinatura) nem sempre garante a certeza de que a execução tenha ocorrido e o fato de que não serem encontrados erros ao reexecutar uma atividade de controle não é conclusivo, se os itens testados não contiverem erros ou irregularidades.

Uma combinação de procedimentos de auditoria consegue lidar com algumas das limitações dos procedimentos de auditoria individuais e geralmente fornece evidência de auditoria mais persuasiva do que somente um tipo de procedimento de auditoria. Por exemplo, pode-se combinar inspeção de relatórios de exceção com indagações feitas à pessoa responsável pelo acompanhamento das exceções. A indagação fornece informações que não se podem obter por inspeção de documentos, tais como impressões sobre a capacidade, conhecimento, julgamento e motivação da pessoa.

Questionários de avaliação do controle interno

Para auxiliar o trabalho de avaliação do controle interno, as empresas de auditoria desenvolvem questionários com perguntas sobre os principais pontos que devem ser observados na rotina operacional sob avaliação. Para facilitar a identificação das falhas de controle interno, as perguntas são redigidas de forma que a resposta adequada seja SIM. Quando a resposta for NÃO, provavelmente haverá uma falha no sistema de controle interno e o auditor deverá considerar o fato na aplicação dos testes de observação do cumprimento das normas de controle e na emissão de sua opinião.

O quadro 14 traz o exemplo de parte de um questionário de avaliação do controle interno da área de vendas.

Quadro 14

EXEMPLO DE QUESTIONÁRIO DE AVALIAÇÃO DO CONTROLE INTERNO

QACI — Questionário de avaliação de controles internos	Sim	Não
Vendas		
1. Há tabelas de preços atualizadas para todos os produtos?		
2. Os preços são revisados periodicamente?		
3. As condições de vendas são predeterminadas pela empresa?		
4. Há necessidade de aprovação superior para vendas com preços e condições diferentes das estabelecidas? Quem aprova?		
5. Os pedidos de vendas são assinados pelos clientes?		
6. Os pedidos mencionam prazos de entrega dos produtos?		
7. O departamento de produção é consultado quanto aos prazos?		
8. Os pedidos de vendas são aprovados por funcionários alheios às funções de: crédito? faturamento? expedição? contabilidade? cobrança?		
9 Nos casos de produção por encomenda, o departamento de custos ou de projetos é consultado para fixação de preço de venda?		
10. São mantidas em arquivo cópias de pedidos ainda não atendidos para controle de expedição?		
11. Descreva a distribuição das vias do pedido de vendas.		

Papéis de trabalho

Os papéis de trabalho constituem a forma organizada de como os auditores realizaram a auditoria, desde os trabalhos de campo até a emissão do relatório de auditoria.

Atualmente, muitas empresas de auditoria utilizam sistemas informatizados que geram papéis de trabalho virtuais que

AUDITORIA DAS DEMONSTRAÇÕES CONTÁBEIS

ficam armazenados em arquivos magnéticos. Outras empresas que não dispõem dessa tecnologia utilizam papéis físicos.

A forma, conteúdo e organização dos papéis de trabalho que serão apresentados a seguir são aplicados tanto aos papéis virtuais quanto aos físicos.

Objetivos e responsabilidade

Todos os membros da equipe de auditoria têm suas responsabilidades devidamente definidas no planejamento do trabalho. A equipe de auditoria, conforme definido no planejamento dos trabalhos, aplica os procedimentos de auditoria com o objetivo de:

❏ registrar as informações obtidas por meio de indagações, revisão de instruções e diretrizes administrativas;
❏ identificar e documentar as revelações ou descobertas e acumular a evidência necessária a fim de determinar a existência e extensão das condições deficientes;
❏ auxiliar o auditor a desempenhar seu exame de um modo ordenado. Os papéis de trabalho devem indicar o que foi feito, o que ainda se precisa fazer e explicar as razões por que determinados passos do programa não foram feitos;
❏ servir de suporte ou municiar o auditor nas discussões com o pessoal auditado;
❏ fonte de informação para o relatório de auditoria;
❏ como material e linha de defesa quando suas sugestões de melhoria são questionadas;
❏ evidenciar a revisão, pela chefia ou supervisão, sobre o que já foi feito pelo auditor e para determinar em que etapa se encontra o projeto de auditoria;
❏ como base para auxiliar o desempenho do auditor;
❏ como registro de dados de consulta para futuros exames.

Ainda, tais informações devem estar contidas nos programas de trabalho elaborados para cada trabalho de auditoria.

Tipos de papel

Os papéis de trabalho são divididos em duas categorias: correntes e permanentes. A diferença entre os dois tipos é que os papéis de trabalho correntes são os utilizados na auditoria em curso e os de caráter permanente são os utilizados em mais de uma auditoria.

Os papéis de trabalho permanentes são arquivados em uma pasta permanente, a qual reúne os papéis de trabalho com informações gerais, de caráter permanente ou semipermanente, sobre um determinado órgão ou atividade da empresa. Seu objetivo é proporcionar à equipe de auditores uma rápida familiarização com a entidade a ser examinada.

A pasta ou arquivo permanente constitui ainda um valioso subsídio como fonte de informações para o planejamento anual ou em longo prazo. Como sugestão, o arquivo permanente pode conter:

❏ cópia dos relatórios anteriores com as respectivas respostas dos clientes;
❏ registros de reuniões com a alta administração;
❏ registros de revisões pós-auditoria, com instruções para o próximo exame;
❏ comentário dos auditores sobre assuntos importantes, excluídos do programa de auditoria, devido ao objetivo específico do exame;
❏ indicação das rubricas contábeis e relatórios relacionados com o órgão ou atividade. Essa informação tem o objetivo de assegurar que as operações relativas aos registros contábeis serão devidamente cobertas pelo planejamento em longo prazo;

❑ diversos organogramas, contratos, fluxogramas, informação financeira histórica, resumos de horas despendidas no exame, diretrizes, instruções, atas de reunião, entre outros.

Guarda e sigilo

As normas brasileiras que regulamentam a forma de documentação dos trabalhos de auditoria foram emitidas pelo Conselho Federal de Contabilidade (CFC) por meio da Resolução nº 828/98. Ressaltamos que essas normas estão em linha com as normas internacionais emitidas pela International Federation of Accountants (Ifac).

O auditor deve documentar todas as questões que foram consideradas importantes para proporcionar evidência, para fundamentar o parecer da auditoria e para comprovar que a auditoria foi executada de acordo com as normas de auditoria independente das demonstrações contábeis.

Os papéis de trabalho destinam-se a:

❑ ajudar, pela análise dos documentos de auditorias anteriores, ou pelos coligidos quando da contratação de uma primeira auditoria, no planejamento e execução da auditoria;
❑ facilitar a revisão do trabalho da auditoria;
❑ registrar as evidências do trabalho executado para fundamentar o parecer do auditor independente.

O auditor deve registrar nos papéis de trabalho a informação relativa ao planejamento da auditoria, a natureza, a oportunidade e a extensão dos procedimentos aplicados, os resultados obtidos e suas conclusões da evidência da auditoria. Os papéis de trabalho devem incluir o juízo do auditor sobre todas as questões significativas, com a conclusão a que chegou. Nas áreas que envolvem questões de princípio ou de julgamento difícil, os papéis de trabalho devem registrar os fatos pertinentes que eram do conhecimento do auditor no momento em que chegou às suas conclusões.

A extensão dos papéis de trabalho é assunto de julgamento profissional, visto que não é necessário nem prático documentar todas as questões que o auditor trata. Entretanto, qualquer matéria que, por ser relevante, possa influir sobre o seu parecer, deve gerar papéis de trabalho que apresentem as indagações e as conclusões do auditor. Ao avaliar a extensão dos papéis de trabalho, o auditor deve considerar o que seria necessário para proporcionar a outro auditor, sem experiência anterior com aquela auditoria, o entendimento do trabalho executado e a base para as principais decisões tomadas, sem adentrar os aspectos detalhados da auditoria. É possível que esse outro auditor somente possa entender os fatos analisados pela auditoria discutindo-os com os auditores que prepararam os papéis de trabalho.

Organização e identificação

Os papéis de trabalho constituem o elo entre o trabalho de campo e o relatório de auditoria. Em essência, contêm: o registro do exame preliminar; o programa de auditoria; os resultados do trabalho em campo.

Devido à importância e utilização, a preparação dos papéis de trabalho deve ser orientada pelos critérios a seguir.

Boa apresentação. Os papéis de trabalho devem apresentar uma boa distribuição para facilitar a leitura, evitando-se o congestionamento de informações numa mesma folha e a utilização do verso.

Uniformidade. Os formulários, questionários, mapas etc. devem ser do mesmo tamanho. Quando há necessidade de incluir um documento de menor dimensão, é preferível colocá-lo ou prendê-lo num papel de tamanho normal.

Concisão. Entre os papéis de trabalho só deve ser incluído material informativo, estritamente necessário para a compreensão da atividade examinada e sobre o trabalho feito. Quando apenas uma frase de um regulamento ou de uma lei é suficiente para esclarecer um assunto, o auditor deve transcrevê-la para o papel, em vez de anexar todo o texto do regimento ou da lei. Por outro lado, quando há necessidade de incluir uma extensa relação de itens, o auditor anexará uma fotocópia, evitando a transcrição da listagem. Dentro desse mesmo critério, o auditor só deve escrever o que for essencial para completa compreensão de uma matéria.

Acabamento. Devem ser completados todos os passos do programa de auditoria (esclarecendo-se as razões para os que não foram executados). Todos os questionários devem ser devidamente respondidos e nenhuma informação ou dado necessário (data, título, referência, rubrica) deixar de ser registrado.

Sequência. É necessário colocar os papéis de trabalho em sequência lógica para facilitar a revisão e a consulta. Dentro de cada segmento de um projeto de auditoria, a sequência a observar seria:

- ❑ explicações quanto ao objetivo da atividade;
- ❑ informações gerais: organização, volumes etc.;
- ❑ descrição do sistema de controle;
- ❑ propósito (detalhado) do exame;
- ❑ extensão do exame — o que foi ou não abrangido, método de seleção de amostra, tamanho da amostra etc.;
- ❑ registro das revelações — descrição das deficiências de controle e das deficiências de desempenho;
- ❑ sugestões de melhoria;
- ❑ papéis de trabalho de teste — com título descrito, legenda para as marcas de verificação utilizadas, data, rubrica e referência.

Para melhor arrumação, é necessário adotar um sistema de referência que apresente as seguintes vantagens:

- ☐ simplifica a revisão do que está sendo feito;
- ☐ facilita a consulta para o auditor designado para a próxima auditoria;
- ☐ facilita a consulta do auditor que está realizando o trabalho;
- ☐ facilita a consulta para a elaboração do relatório da auditoria.

Quanto mais simples for o sistema de referência, mais simples será sua utilização. Por exemplo, a referência dos papéis de trabalho pode ser composta de uma letra indicando a área das demonstrações contábeis sob auditoria seguida de um número indicando a sequência. Por exemplo, os papéis de trabalho referentes ao disponível serão identificados pela letra A seguida de um número: A1, A2, A3.

Os papéis de trabalho referentes a contas do ativo são identificados por letras simples (A, B, C, D...) e os referentes a contas do passivo por letras duplas (CC, DD, EE...). Para maior destaque, as referências devem ser feitas em cores diferentes. Os papéis de trabalho de cada área do balanço patrimonial podem ser identificados da forma a seguir.

Quadro 15

EXEMPLO DE IDENTIFICAÇÃO DE PAPÉIS DE TRABALHO DE AUDITORIA

Ativo	
Disponível	A1, A2, A3...
Aplicações financeiras	B1, B2, B3...
Clientes	C1, C2, C3...
Estoques	D1, D2, D3
Passivo	
Fornecedores	AA1, AA2, AA3...
Instituições financeiras	BB1, BB2, BB3...
Obrigações tributárias	CC1, CC2, CC3...
Obrigações trabalhistas	DD1, DD2, DD3

Como já comentado, os papéis de trabalho virtuais gerados por sistema eletrônico também são identificados no sistema de forma semelhante aos papéis físicos.

Evidências do trabalho realizado

As atividades de uma auditoria consistem na aplicação dos procedimentos de auditoria para obtenção de evidência de auditoria eficaz para formar uma opinião sobre as demonstrações contábeis. A evidência de auditoria eficaz deve ser:

❑ suficiente e apropriada para satisfazer os objetivos de auditoria. Suficiência se relaciona com a extensão dos procedimentos de auditoria executados; propriedade se relaciona com a natureza e época de aplicação dos procedimentos;
❑ obtida com eficiência de custo;
❑ oferecer informações que permitam aumentar o valor do serviço de auditoria para os clientes.

A suficiência de evidência de auditoria se relaciona com a extensão dos procedimentos de auditoria executados. Extensão tem significados diferentes, conforme o procedimento:

❑ a extensão de uma indagação pode referir-se ao número de perguntas feitas, ao número de pessoas arguídas, e ao número de vezes em que cada pergunta é feita durante o período;
❑ a extensão talvez tenha pouco significado no caso de procedimentos analíticos, os quais muitas vezes se aplicam a toda uma população;
❑ a extensão dos testes de detalhes geralmente se refere ao número de itens ou ao valor monetário agregado a que um ou mais dos procedimentos de auditoria são aplicados.

A extensão necessária dos procedimentos de auditoria deve ser definida, considerando:

- a natureza do saldo de contas ou classe de transações, incluindo o número e portes relativos dos itens da população;
- o risco de erros ou irregularidades significativos nas afirmações contidas nas demonstrações contábeis cobertas pelos objetivos de auditoria;
- a natureza e época de aplicação dos procedimentos de auditoria planejados;
- a evidência de auditoria obtida de outros procedimentos de auditoria.

A propriedade da evidência de auditoria se relaciona com a natureza e época de aplicação dos procedimentos de auditoria.

Quando a natureza dos procedimentos de auditoria for considerada, talvez seja útil usar as seguintes generalizações:

- a evidência de auditoria obtida de fora de uma entidade é mais persuasiva do que a obtida dentro dela;
- a evidência de auditoria obtida ou criada por partes independentes é mais persuasiva do que a obtida de partes relacionadas;
- a evidência de auditoria obtida dentro da entidade é mais persuasiva quando o respectivo controle interno é eficaz;
- a evidência de auditoria obtida diretamente mediante comparação, inspeção, observação ou exame físico é mais persuasiva do que a obtida indiretamente por meio de indagação de terceiros;
- a evidência de auditoria em forma de documentos e representações escritas é mais persuasiva do que as representações orais;
- a evidência de auditoria obtida de diversas fontes que sugerem a mesma conclusão é mais persuasiva do que a obtida de uma única fonte.

A segurança é maior quando é consistente a evidência obtida de diferentes fontes ou de diferentes naturezas. Nesses casos, pode ser obtido um grau cumulativo de segurança de auditoria mais alto do que o relacionado com os itens de evidência de auditoria individuais por si. Ao contrário, quando a evidência de uma fonte é inconsistente com a obtida de outra, geralmente são aplicados outros procedimentos de auditoria para resolver a inconsistência.

Podem ser executados procedimentos de auditoria para obter evidência antes, durante ou após o período coberto pelas demonstrações contábeis. A execução desses procedimentos antes do fim do ano permite considerar questões significativas que possam afetar as demonstrações contábeis do fim do ano e mudar o plano de auditoria, se necessário.

Quando são executados procedimentos de auditoria antes do fim do ano, deve ser reconhecido o crescimento potencial no risco de que não sejam detectados erros ou irregularidades significativos que possam ocorrer até o fim do período. Esse potencial de aumento de risco de auditoria pode ser eliminado selecionando procedimentos de auditoria adicionais, para cobrir o período remanescente de modo que proporcionem uma base razoável para estender as conclusões de auditoria para o fim do período.

Os procedimentos de auditoria substantivos aplicados para cobrir o período remanescente geralmente incluem:

❑ comparação de informações na data do balanço com as informações comparativas intermediárias, para identificar os valores que pareçam anormais e investigar esses valores;
❑ outros procedimentos analíticos, ou testes de detalhes, ou combinações de ambos, para proporcionar uma base razoável para estender as conclusões de auditoria para as afirmações testadas, direta ou indiretamente, em data intermediária até a data do balanço.

Quando o planejamento prevê a execução de procedimentos de auditoria substantivos em data intermediária, deve considerar se:

❑ o saldo de conta apropriado no encerramento do período é razoavelmente previsível com base no saldo intermediário no que se refere a valor, significância relativa e composição;

- os procedimentos de corte simbólico propostos pela entidade para a data intermediária e de fim de ano são apropriados;
- o sistema contábil fornece informações suficientes sobre os saldos na data do balanço e as transações do período remanescentes para permitir investigação de: transações ou lançamentos anormais significativos, incluindo o fim do exercício e datas próximas dele; outras causas de flutuações significativas ou flutuações esperadas que não tenham ocorrido; alterações na composição dos saldos das contas;
- as condições de negócios ou circunstâncias são razoavelmente constantes. Por exemplo: circunstâncias econômicas ou mercadológicas podem gerar pressões para que a gerência do cliente altere as demonstrações contábeis no período remanescente. Se houver conhecimento de alguma pressão desse tipo, se pode julgar que os procedimentos de auditoria substantivos exigidos para cobrir o período remanescente não seriam eficazes para controlar o aumento no risco de auditoria.

A relação entre os custos e os benefícios dos procedimentos de auditoria necessários para cobrir o período remanescente deve levar em consideração a eficácia do respectivo controle interno. Por exemplo: aplicar os principais procedimentos de auditoria substantivos aos detalhes de contas de ativo e passivo na data intermediária pode não valer a pena do ponto de vista dos custos, se o controle interno não for eficaz para nos permitir limitar a extensão dos procedimentos de auditoria substantivos necessários para cobrir o período remanescente.

Havendo possibilidade de os controles internos não serem eficazes durante o período remanescente, se deve considerar se a eficácia dos procedimentos de auditoria substantivos necessários para cobrir o período fica prejudicada. Por exemplo, se não houve atividades de controle efetivas relacionadas com a preparação de documentos para os recebimentos de mercadorias, os procedimentos de auditoria substantivos baseados nesses documentos para o período remanescente podem ser ineficazes porque eles podem estar incompletos.

Da mesma maneira, os procedimentos de auditoria substantivos aplicados ao período remanescente que forem relacionados com a afirmação de existência na data do balanço podem ser ineficazes, se as atividades de controle sobre a custódia e movimentação física dos ativos não for eficaz.

Nos dois exemplos acima, se concluir que a eficácia dos procedimentos de auditoria substantivos seja prejudicada, deve-se procurar segurança de auditoria adicional; caso contrário, os procedimentos de auditoria substantivos na data do balanço devem ser aplicados.

Se forem encontrados erros ou irregularidades em saldos de contas em datas intermediárias, o auditor deve considerar se deve modificar a natureza, época de aplicação ou extensão planejadas para os procedimentos de auditoria substantivos durante o período remanescente ou executar procedimentos de auditoria adicionais na data do balanço. Para tomar essa decisão, deve considerar:

❑ as implicações da natureza e causa dos erros ou irregularidades detectados na data intermediária;
❑ as relações com as outras partes da auditoria;
❑ as correções subsequentemente registradas pela entidade;
❑ os resultados dos procedimentos de auditoria que cobrem o período remanescente, incluindo os que respondem a possibilidades particulares de erro ou irregularidade.

Depois que a evidência foi reunida e os testes terminados e resumidos, o auditor deve avaliar os resultados.

O objetivo da auditoria bem executada vai além da simples contagem dos erros encontrados ou da soma de seus valores. Mais importante é determinar qual o significado dos erros encontrados, isto é, se estão demonstrando uma falha do sistema; se foram causados por uma supervisão deficiente; se estão revelando uma condição adversa ou se estão indicando a possível existência de manipulação. A precisão com que o auditor avalia os resultados de suas descobertas ou revelações é bastante para persuadir os administradores a empreender a ação corretiva.

Com todas as evidências de auditoria devidamente documentadas pelos auditores, o trabalho está pronto para a conclusão final e será utilizado para consubstanciar a emissão do relatório de auditoria.

Considerações finais

Neste capítulo foram apresentados os principais aspectos relativos ao desenvolvimento dos trabalhos de auditoria e aos programas de auditoria utilizados para aplicação dos procedimentos de auditoria definidos na fase de planejamento.

Também foi apresentado o processo de avaliação de controles internos com os correspondentes questionários e a documentação dos trabalhos desenvolvidos.

No próximo e último capítulo serão apresentados os vários tipos de relatórios, por meio dos quais os auditores reportam aos usuários de seu trabalho sua opinião sobre as demonstrações contábeis que foram objeto de auditoria.

5

Parecer dos auditores independentes

Neste capítulo serão apresentados os conceitos básicos do parecer dos auditores independentes salientando a forma de redação, principais características, tipos e significado do conteúdo.

Considerando que o principal objetivo do parecer é conferir credibilidade às demonstrações contábeis, o usuário dessas demonstrações deve atentar para as informações contidas no parecer e que poderão influenciar nas decisões que serão tomadas.

Conceitos básicos

O parecer é o principal relatório do auditor independente e objetivo final de seu trabalho. Representa a conclusão do trabalho realizado que está documentado nos papéis de trabalho.

Apesar de realizado pela equipe de auditores, perante a sociedade, o parecer é de responsabilidade da empresa de auditoria e será assinado pelo sócio responsável pelo trabalho.

Para facilitar a análise e a interpretação do parecer, sua redação é padronizada e regulamentada pelas Normas Brasileiras de

Contabilidade emitidas pelo Conselho Federal de Contabilidade (NBC-TA-700 — Formação da Opinião e Emissão do Relatório do Auditor Independente sobre as Demonstrações Contábeis). Ao emitir o parecer, o auditor não estará expressando sua opinião sobre as demonstrações contábeis, mas estará avaliando a adequação das demonstrações em relação ao critério estabelecido para sua elaboração, ou seja, as práticas contábeis adotadas no Brasil que compreendem as normas emanadas de:

- legislação societária (Lei das Sociedades Anônimas — Lei nº 6.404/76) aplicáveis às sociedades anônimas;
- Normas Brasileiras de Contabilidade, emitidas pelo Conselho Federal de Contabilidade, aplicáveis a todas as empresas;
- CVM aplicáveis às companhias abertas;
- Bacen aplicáveis às instituições financeiras;
- órgãos reguladores, como Aneel, Anatel, aplicáveis às entidades sujeitas às respectivas regulamentações.

Destinatário e data de emissão

O parecer é destinado a quem contratou os serviços de auditoria. No caso de companhias abertas, o parecer é destinado aos sócios. Como será publicado juntamente com as demonstrações contábeis, será de livre acesso a toda sociedade.

O parecer deve ser emitido com data do último dia em que a equipe de auditoria realizou seu trabalho nas instalações da empresa auditada.

Parágrafo introdutório

O primeiro parágrafo do parecer deve identificar as demonstrações contábeis que foram auditadas.

O texto padronizado pela NBC-TA-700 — Parágrafo introdutório.

23. O parágrafo introdutório do relatório do auditor independente deve (ver itens A17 a A19):

(a) identificar a entidade cujas demonstrações contábeis foram auditadas;

(b) afirmar que as demonstrações contábeis foram auditadas;

(c) identificar o título de cada demonstração que compõe as demonstrações contábeis;

(d) fazer referência ao resumo das principais práticas contábeis e demais notas explicativas; e

(e) especificar a data ou o período de cada demonstração que compõe as demonstrações contábeis.

O texto padronizado pela NBC-TA-700 deve ser redigido da seguinte forma:

RELATÓRIO DOS AUDITORES INDEPENDENTES[1] SOBRE AS DEMONSTRAÇÕES CONTÁBEIS

[Destinatário apropriado]

Examinamos as demonstrações contábeis da Companhia ABC, que compreendem o balanço patrimonial em 31 de dezembro de 20X1[3] e as respectivas demonstrações[4] do resultado, das mutações do patrimônio líquido e dos fluxos de caixa para o exercício findo naquela data, assim como o resumo das principais práticas contábeis e demais notas explicativas.

Caso o trabalho de auditoria tenha abrangido apenas um exercício social, deverá ser mencionado que demonstrações de outras datas apresentadas juntamente com as demonstrações auditadas foram ou não auditadas por outros auditores.

Conforme mencionado no parecer, a responsabilidade do auditor está restrita ao exame das demonstrações contábeis identificadas, pois a responsabilidade da elaboração das mesmas é da administração da empresa.

Parágrafos sobre a responsabilidade dos administradores e auditores independentes

Nesses parágrafos, o auditor deve mencionar a responsabilidade dos administradores sobre a elaboração das demonstrações contábeis e sua responsabilidade sobre o exame de auditoria dessas demonstrações. Também deve declarar que, o exame foi efetuado de acordo com as normas de auditoria e que, apesar de realizado em base de testes, foi efetuado na extensão necessária e suficiente para a conclusão e emissão da opinião.

O texto padronizado pela NBC-TA-700 deve ser redigido da seguinte forma:

Responsabilidade da administração sobre as demonstrações contábeis
A administração da entidade é responsável pela elaboração e adequada apresentação dessas demonstrações contábeis de acordo com a Lei XYZ da jurisdição X e pelos controles internos que ela determinou como necessários para permitir a elaboração de demonstrações contábeis livres de distorção relevante, independentemente se causada por fraude ou erro.

Responsabilidade dos auditores independentes
Nossa responsabilidade é a de expressar uma opinião sobre essas demonstrações contábeis com base em nossa auditoria, conduzida de acordo com as normas brasileiras e internacionais de auditoria. Essas normas requerem o cumprimento de exigências éticas pelo auditor e que a auditoria seja planejada e executada com o objetivo de obter segurança razoável de que as demonstrações contábeis estão livres de distorção relevante.

Uma auditoria envolve a execução de procedimentos selecionados para obtenção de evidência a respeito dos valores e divulgação apresentados nas demonstrações contábeis. Os procedimentos selecionados dependem do julgamento do auditor, incluindo a avaliação dos riscos de distorção relevante nas demonstrações contábeis, independentemente se causada por fraude ou erro. Nessa avaliação de riscos, o auditor considera os controles internos relevantes para a elaboração e adequada apresentação das demonstrações contábeis da entidade para planejar os procedimentos de auditoria que são apropriados nas circunstâncias, mas não para fins de expressar uma opinião sobre a eficácia desses controles internos da companhia. Uma auditoria inclui, também, a avaliação da adequação das práticas contábeis utilizadas e a razoabilidade das estimativas contábeis feitas pela administração, bem como a avaliação da apresentação das demonstrações contábeis tomadas em conjunto.

Acreditamos que a evidência de auditoria obtida é suficiente e apropriada para fundamentar nossa opinião.

A limitação na extensão do exame pode ter vários motivos, entre os quais mencionamos:

- ❑ o não acompanhamento da contagem física de estoques;
- ❑ a não solicitação de confirmação de saldos e/ou informações diretamente com devedores, credores ou outras fontes externas;
- ❑ demonstrações contábeis de controladas ou coligadas não auditadas, representativas de investimentos relevantes na entidade auditada;
- ❑ limitação à aplicação de procedimentos usuais de auditoria que se refiram, direta ou indiretamente, a elementos importantes das demonstrações contábeis;
- ❑ registros contábeis inadequados.

A redação do parágrafo correspondente à limitação na extensão do exame deverá ser efetuada conforme exemplificado no próximo tópico.

Parágrafo de ressalva

Após os parágrafos sobre a responsabilidade de administradores e auditores e antes do parágrafo de opinião devem ser redigidos tantos parágrafos quantas sejam as ressalvas que afetarão a opinião a ser emitida.

A ressalva pode ser devido à extensão na execução dos trabalhos ou por discordância das demonstrações contábeis em relação às práticas contábeis adotadas no Brasil.

Ressalva por limitação na extensão do exame de auditoria

A ressalva por limitação na extensão do exame mencionada no início do segundo parágrafo do parecer deve identificar o procedimento de auditoria que não foi realizado e o efeito da limitação sobre o exame efetuado e as demonstrações contábeis auditadas. Apresentamos, a seguir, exemplos de ressalva por limitação na extensão do exame, conforme NBC-T-11.

EXEMPLO 1 — RESSALVA POR LIMITAÇÃO DEVIDO À ÉPOCA DE CONTRATAÇÃO DO SERVIÇO DE AUDITORIA

Pelo fato de termos sido contratados pela Empresa ABC após 31 de dezembro de 200B, não acompanhamos os inventários físicos dos estoques de 31 de dezembro de 200B e de 200A, nem foi possível firmar juízo sobre a existência dos estoques por meio de procedimentos alternativos de auditoria.

EXEMPLO 2 — RESSALVA POR LIMITAÇÃO DEVIDO A DEMONSTRAÇÕES CONTÁBEIS DE PARTICIPAÇÕES SOCIETÁRIAS NÃO AUDITADAS

Não examinamos, nem foram examinadas por outros auditores independentes, as demonstrações contábeis das empresas A e B, correspondentes aos exercícios findos em 31 de dezembro de 200B e de 200A. Como consequência, não nos foi possível formar uma opinião quanto à adequação dos valores representativos de tais investimentos naquelas datas e dos correspondentes resultados registrados nos exercícios de 200B e de 200A, com base no valor de patrimônio líquido daquelas empresas, como mencionado na nota X às demonstrações contábeis.

Ressalva por discordância relativa às práticas contábeis aplicadas

A ressalva por discordância relativa às práticas contábeis deve ser emitida quando o auditor identificou por meio dos procedimentos de auditoria aplicados que algum fato contábil não tenha sido registrado de acordo com as práticas contábeis aplicadas no Brasil e tenham efeito relevante sobre as demonstrações contábeis. O parágrafo de ressalva deve mencionar o fato em desacordo com as práticas contábeis, o valor do fato e o efeito do mesmo sobre as demonstrações contábeis auditadas. Apresentamos, a seguir, exemplos de ressalva por limitação na extensão do exame, conforme NBC-T-11.

Exemplo 1 — Ressalva por insuficiência do ajuste para créditos de liquidação duvidosa

O ajuste para créditos de liquidação duvidosa, constituída pela entidade em 31 de dezembro de 200B, é de R$............. Todavia, nosso exame indicou que tal provisão não é suficiente para cobrir as perdas prováveis na realização de tais créditos, sendo a insuficiência não provisionada, naquela data, de aproximadamente R$........... Consequentemente, em 31 de dezembro de 200B, o resultado do exercício e o patrimônio líquido estão superavaliados em aproximadamente R$............, líquidos dos efeitos tributários.

EXEMPLO 2 — RESSALVA POR NÃO CONTABILIZAÇÃO DE DEPRECIAÇÃO

No exercício findo em 31 de dezembro de 200B, a entidade deixou de contabilizar a depreciação correspondente à conta de máquinas e equipamentos. Como decorrência desse procedimento, em 31 de dezembro de 200B o imobilizado está registrado maior em R$........., os estoques em processo e acabados estão menores em R$......... e, por consequência, o patrimônio líquido e o resultado do exercício findo em 31 de dezembro de 200B estão maiores em R$........., líquidos dos efeitos tributários.

Todas as ressalvas emitidas deverão ser mencionadas no parágrafo de opinião conforme apresentado no próximo tópico.

Parágrafo de opinião

No parágrafo de opinião, o auditor deve fazer referência às demonstrações contábeis auditadas e expressar sua opinião sobre a adequação ou não dessas demonstrações para representar a situação patrimonial e financeira da empresa de acordo com as práticas contábeis adotadas no Brasil.

Entende-se como práticas contábeis os princípios fundamentais de contabilidade e as Normas Brasileiras de Contabilidade emitidas pelo Conselho Federal de Contabilidade e legislações pertinentes, tais como legislação societária (Lei nº 6.404/76) e instruções de órgãos reguladores.

Conforme salientado anteriormente, ao emitir a opinião, o auditor não estará expressando a sua pessoal sobre as demonstrações contábeis, mas sim sobre sua adequação em relação às normas estabelecidas para sua elaboração.

O parágrafo de opinião, quando não houver ressalvas, deverá ser redigido como segue:

Opinião

Em nossa opinião, as demonstrações contábeis acima referidas apresentam adequadamente, em todos os aspectos relevantes, a posição patrimonial e financeira da entidade ABC em 31 de dezembro de 20X1, o desempenho de suas operações e os seus fluxos de caixa para o exercício findo naquela data, de acordo com as práticas contábeis adotadas no Brasil.

Tipos de parecer de auditoria

O tipo de parecer a ser emitido dependerá dos resultados obtidos pelo auditor ao longo da execução de seus trabalhos. Quando o auditor não tiver encontrado qualquer ressalva à sua opinião emitirá parecer limpo ou sem ressalvas, caso contrário emitirá parecer qualificado.

Dependendo do tipo, quantidade e relevância das ressalvas, o parecer poderá ser qualificado por ressalva, por abstenção de opinião ou adverso.

O quadro a seguir mostra como a opinião do auditor sobre a natureza do assunto que gerou a modificação, e a disseminação de forma generalizada dos seus efeitos ou possíveis efeitos sobre as demonstrações contábeis, afetam o tipo de opinião a ser expressa.

Quadro 16
EFEITO DA NATUREZA DO ASSUNTO SOBRE A OPINIÃO EXPRESSA

Natureza do assunto que gerou a modificação	Julgamento do auditor sobre a disseminação de forma generalizada dos efeitos ou possíveis efeitos sobre as demonstrações contábeis	
	Relevante mas não generalizado	Relevante e generalizado

continua

As demonstrações contábeis apresentam distorções relevantes	Opinião com ressalva	Opinião adversa
Impossibilidade de obter evidência de auditoria apropriada e suficiente	Opinião com ressalva	Abstenção de opinião

Parecer limpo ou sem ressalvas

O parecer limpo ou sem ressalvas é emitido quando o auditor aplicou todos os procedimentos de auditoria na extensão que julgou necessário e não encontrou qualquer fato que pudesse influenciar a opinião emitida.

O texto padronizado pela NBC-TA-700 deve ser redigido da seguinte forma:

RELATÓRIO DOS AUDITORES INDEPENDENTES SOBRE AS DEMONSTRAÇÕES CONTÁBEIS

[Destinatário apropriado]

Examinamos as demonstrações contábeis da companhia ABC, que compreendem o balanço patrimonial em 31 de dezembro de 20X1[3] e as respectivas demonstrações do resultado, das mutações do patrimônio líquido e dos fluxos de caixa para o exercício findo naquela data, assim como o resumo das principais práticas contábeis e demais notas explicativas.

Responsabilidade da administração sobre as demonstrações contábeis

A administração da entidade é responsável pela elaboração e adequada apresentação dessas demonstrações contábeis de acordo com a Lei XYZ da jurisdição X e pelos controles internos que ela determinou como necessários para permitir a elaboração de demonstrações contábeis livres de distorção relevante, independentemente se causada por fraude ou erro.

Responsabilidade dos auditores independentes

Nossa responsabilidade é a de expressar uma opinião sobre essas demonstrações contábeis com base em nossa auditoria, conduzida de acordo com as normas brasileiras e internacionais de auditoria. Essas normas requerem o cumprimento de exigências éticas pelo auditor e que a auditoria seja planejada e executada com o objetivo de obter segurança razoável de que as demonstrações contábeis estão livres de distorção relevante.

Uma auditoria envolve a execução de procedimentos selecionados para obtenção de evidência a respeito dos valores e divulgação apresentados nas demonstrações contábeis. Os procedimentos selecionados dependem do julgamento do auditor, incluindo a avaliação dos riscos de distorção relevante nas demonstrações contábeis, independentemente se causada por fraude ou erro. Nessa avaliação de riscos, o auditor considera os controles internos relevantes para a elaboração e adequada apresentação das demonstrações contábeis da entidade para planejar os procedimentos de auditoria que são apropriados nas circunstâncias, mas não para fins de expressar uma opinião sobre a eficácia desses controles internos da companhia. Uma auditoria inclui, também, a avaliação da adequação das práticas contábeis utilizadas e a razoabilidade das estimativas contábeis feitas pela administração, bem como a avaliação da apresentação das demonstrações contábeis tomadas em conjunto.

Acreditamos que a evidência de auditoria obtida é suficiente e apropriada para fundamentar nossa opinião.

Opinião

Em nossa opinião, as demonstrações contábeis acima referidas apresentam adequadamente, em todos os aspectos relevantes, a posição patrimonial e financeira da entidade ABC em 31 de dezembro de 20X1, o desempenho de suas operações e os seus fluxos de caixa para o exercício findo naquela data, de acordo com as práticas contábeis adotadas no Brasil.

Local e data
Assinatura
Nome do auditor — responsável técnico
Contador — nº de registro no CRC
Nome da empresa de auditoria
Nº no CRC

Parecer com ressalva por discordância em relação às práticas contábeis

O parecer com ressalva por discordância é emitido quando o auditor aplicou todos os procedimentos de auditoria na extensão que julgou necessária e encontrou alguma(s) discordância(s) de práticas contábeis que afetaram as demonstrações contábeis, mas não desqualificaram o conjunto.

Nesse tipo de parecer, os parágrafos de introdução e identificação de responsabilidades serão emitidos com a redação-padrão, em seguida serão emitidos os parágrafos de ressalva conforme mencionado anteriormente e o parágrafo de opinião com a menção das ressalvas.

O parágrafo de ressalva deve identificar:

❑ o que não está de acordo com as práticas contábeis;
❑ o montante envolvido;
❑ o efeito nas demonstrações contábeis.

Apresentamos a seguir exemplo extraído da NBC-TA-705.

Exemplo: relatório do auditor independente com opinião com ressalva devido à distorção relevante nas demonstrações contábeis.

As circunstâncias incluem o seguinte:

- auditoria do conjunto completo de demonstrações contábeis para fins gerais elaboradas pela administração da entidade de acordo com as práticas contábeis adotadas no Brasil;
- os termos do trabalho de auditoria refletem a descrição da responsabilidade da administração sobre as demonstrações contábeis na NBC-TA-210;
- os estoques estão superavaliados. A distorção é considerada relevante, mas não generalizada para as demonstrações contábeis.

Relatório dos auditores independentes sobre as demonstrações contábeis[1]

[Destinatário apropriado][2]

Examinamos as demonstrações contábeis da companhia ABC, que compreendem o balanço patrimonial em 31 de dezembro de 20X1[3] e as respectivas demonstrações do resultado, das mutações do patrimônio líquido e dos fluxos de caixa[4] para o exercício findo naquela data, assim como o resumo das principais práticas contábeis e demais notas explicativas.

Responsabilidade da administração da companhia sobre as demonstrações contábeis

A administração da companhia é responsável pela elaboração e adequada apresentação dessas demonstrações contábeis de acordo com as práticas contábeis adotadas no Brasil e pelos controles internos que ela determinou como necessários para permitir a elaboração de demonstrações contábeis livres de distorção relevante, independentemente se causada por fraude ou erro.

Responsabilidade dos auditores independentes[6]

Nossa responsabilidade é a de expressar uma opinião sobre essas demonstrações contábeis com base em nossa auditoria, conduzida de acordo com as normas brasileiras e internacionais de auditoria. Essas normas requerem o cumprimento de exigências éticas pelos auditores e que a auditoria seja planejada e executada com o objetivo de obter segurança razoável de que as demonstrações contábeis estão livres de distorção relevante.

Uma auditoria envolve a execução de procedimentos selecionados para obtenção de evidência a respeito dos valores e divulgações apresentados nas demonstrações contábeis. Os procedimentos selecionados dependem do julgamento do auditor, incluindo a avaliação dos riscos de distorção relevante nas demonstrações contábeis, independentemente se causada por fraude ou erro. Nessa avaliação de riscos, o auditor considera os controles internos relevantes para a elaboração e adequada apresentação das demonstrações contábeis da companhia para planejar os procedimentos de auditoria que são apropriados nas circunstâncias, mas não para fins de expressar uma opinião sobre a eficácia desses controles internos da Companhia.[7] Uma auditoria inclui, também, a avaliação da adequação das práticas contábeis utilizadas e a razoabilidade das estimativas contábeis feitas pela administração, bem como a avaliação da apresentação das demonstrações contábeis tomadas em conjunto.

Acreditamos que a evidência de auditoria obtida é suficiente e apropriada para fundamentar nossa opinião com ressalva.

Base para opinião com ressalva

Os estoques da companhia estão apresentados no balanço patrimonial por $ xxx. A administração não avaliou os estoques pelo menor valor entre o custo e o valor líquido de realização, mas somente pelo custo, o que representa um desvio em relação às práticas contábeis adotadas no Brasil. Os registros da companhia indicam que se a administração tivesse avaliado os estoques pelo menor valor entre o custo e o valor líquido de realização, teria sido necessária uma provisão de $ xxx para reduzir os estoques ao valor líquido de realização. Consequentemente, o lucro líquido e o patrimônio líquido teriam sido reduzidos em $ xxx e $ xxx, respectivamente, após os efeitos tributários.

Opinião com ressalva

Em nossa opinião, exceto pelos efeitos do assunto descrito no parágrafo base para opinião com ressalva, as demonstrações contábeis acima referidas apresentam adequadamente, em todos os aspectos relevantes, a posição patrimonial e financeira da companhia ABC em 31 de dezembro de 20X1, o desempenho de suas operações e os seus fluxos de caixa para o exercício findo naquela data, de acordo com as práticas contábeis adotadas no Brasil.

[Local (localidade do escritório de auditoria que emitiu o relatório)]
[Data do relatório do auditor independente]
[Nome do auditor independente (pessoa física ou jurídica)]
[Nome do profissional (sócio ou responsável técnico, no caso de o auditor ser pessoa jurídica)]
[Números de registro no CRC da firma de auditoria e do profissional que assina o relatório]
[Assinatura do auditor independente]

(1) Título no plural em decorrência do uso mais frequente pelas firmas (pessoa jurídica), todavia deve ser adaptado às circunstâncias de auditor pessoa física.

(2) No caso de o relatório cobrir outros aspectos legais e regulatórios, seria necessário um subtítulo para especificar que essa primeira parte do relatório refere-se às demonstrações contábeis e, após a opinião sobre elas e eventuais parágrafos de ênfase e de outros assuntos, seria incluso outro subtítulo.

(3) Embora a estrutura conceitual para elaboração e apresentação de demonstrações contábeis utilizada no Brasil determine a

apresentação de demonstrações contábeis de forma comparativa e a Lei das Sociedades Anônimas fale em apresentação dos valores correspondentes do exercício anterior, não existe nenhuma determinação legal que estabeleça que o relatório do auditor independente deva incluir também opinião sobre o ano anterior, portanto, esta e as demais normas de auditoria que tratam da emissão de relatório adotam integralmente o modelo internacional em que o relatório cobre somente o ano corrente.

(4) No caso de também incluir demonstrações consolidadas, adaptar o texto, inclusive no que tange à inclusão da expressão "e controladas". De forma similar, caso o exame inclua outras demonstrações (exemplo demonstração do valor adicionado), este parágrafo e o da opinião também devem ser adaptados.

(5) Ou outro termo que seja apropriado no contexto da estrutura legal específica. Para relatórios emitidos no Brasil sobre entidades brasileiras deve ser utilizada essa expressão.

(6) Adaptar no caso de auditor pessoa física ou firma individual.

(7) Nas circunstâncias em que o auditor também tem a responsabilidade de expressar uma opinião sobre a eficácia dos controles internos em conjunto com a auditoria das demonstrações contábeis, a redação dessa sentença seria como segue: "Nessas avaliações de risco, o auditor considera os controles internos relevantes para a elaboração e adequada apresentação das demonstrações contábeis da entidade para planejar procedimentos de auditoria que são apropriados nas circunstâncias".

Para fins ilustrativos, apresentamos exemplos de parágrafos de ressalva por discordância de práticas contábeis.

Exemplo 1 — Ressalva por diferimento de variação cambial

Conforme descrito na nota 9, a Companhia optou por diferir o resultado negativo da variação cambial apurado no exercício de

2001, em conformidade com as Deliberações CVM n°s 404 e 409, de 27 de setembro e 1 de novembro de 2001, respectivamente. As práticas contábeis requerem que as variações cambiais sejam reconhecidas no resultado, no exercício em que ocorreram. Como consequência, em 31 de dezembro de 2002, o ativo permanente está demonstrado a maior em R$4.063 mil (R$6.095 mil em 2001), o passivo a descoberto está demonstrado a menor em R$2.682 mil (patrimônio líquido a maior em R$4.013 mil em 2001), líquido do efeito de imposto de renda diferido passivo, e o prejuízo relativo ao exercício findo naquela data está a maior em R$1.331 mil (R$4.013 mil a menor em 2001).

EXEMPLO 2 — RESSALVA POR RECONHECIMENTO DE GANHOS CONTINGENTES

A controlada Usina Otimista S/A, baseada na opinião de seus consultores jurídicos, que avaliam como provável o desfecho final com decisões favoráveis nas ações judiciais em andamento, vem reconhecendo créditos fiscais de Imposto sobre Produtos Industrializados (IPI), cujos efeitos estão revelados na nota explicativa n° 14. De acordo com as práticas contábeis, os ganhos contingentes somente podem ser reconhecidos após decisão final transitada em julgado, para a qual não caibam quaisquer recursos.

EXEMPLO 3 — RESSALVA POR AVALIAÇÃO INADEQUADA DOS ESTOQUES

A empresa avalia seus estoques de produtos em processo e acabados por critérios arbitrados pela legislação fiscal, conforme bases descritas na nota 7 às demonstrações contábeis. Tais critérios, em relação aos custos reais, resultaram nos seguintes efeitos: (a) aumento dos estoques em R$42 mil e R$38 mil em

31 de dezembro de 20X1 e de 20X0, respectivamente; (b) aumento do lucro dos exercícios de 20X1 e de 20X0 em R$42 mil e R$38 mil, respectivamente, líquidos dos efeitos tributários; (c) aumento do patrimônio líquido em 31 de dezembro de 20X1 e de 20X0 em R$42 mil e R$38 mil, respectivamente, líquidos dos efeitos tributários.

Parecer com ressalva por limitação na execução dos trabalhos

O parecer com ressalva por limitação é emitido quando o auditor não aplicou todos os procedimentos de auditoria na extensão que julgou necessário e não conseguiu formar opinião sobre algum item das demonstrações contábeis sobre o qual emitirá ressalva quanto aos possíveis ajustes que poderiam ter sido identificados caso tivesse aplicado os procedimentos referidos, mas emitirá opinião sobre os demais.

Apresentamos a seguir exemplo extraído da NBC-TA-705.

Exemplo: relatório do auditor independente com opinião com ressalva devido à impossibilidade do auditor em obter evidência apropriada e suficiente de auditoria.

As circunstâncias incluem o seguinte:

- ❏ auditoria do conjunto completo de demonstrações contábeis para fins gerais elaboradas pela administração da entidade de acordo com as práticas contábeis adotadas no Brasil;
- ❏ os termos do trabalho de auditoria refletem a descrição da responsabilidade da administração sobre as demonstrações contábeis na NBC-TA-210;
- ❏ o auditor não conseguiu obter evidência de auditoria apropriada e suficiente sobre um investimento em uma coligada estrangeira. Os possíveis efeitos da impossibilidade de obter evidência de auditoria apropriada e suficiente são considerados relevantes, mas não generalizados nas demonstrações contábeis.

Relatório dos auditores independentes sobre as demonstrações contábeis[1]

[Destinatário apropriado][2]

Examinamos as demonstrações contábeis da companhia ABC, que compreendem o balanço patrimonial em 31 de dezembro de 20X1[3] e as respectivas demonstrações do resultado, das mutações do patrimônio líquido e dos fluxos de caixa[4] para o exercício findo naquela data, assim como o resumo das principais práticas contábeis e demais notas explicativas.

Responsabilidade da administração[5] da companhia sobre as demonstrações contábeis

A administração da companhia é responsável pela elaboração e adequada apresentação dessas demonstrações contábeis de acordo com as práticas contábeis adotadas no Brasil e pelos controles internos que ela determinou como necessários para permitir a elaboração de demonstrações contábeis livres de distorção relevante, independentemente se causada por fraude ou erro.

Responsabilidade dos auditores independentes[6]

Nossa responsabilidade é a de expressar uma opinião sobre essas demonstrações contábeis com base em nossa auditoria, conduzida de acordo com as normas brasileiras e internacionais de auditoria. Essas normas requerem o cumprimento de exigências éticas pelo auditor e que a auditoria seja planejada e executada com o objetivo de obter segurança razoável de que as demonstrações contábeis estão livres de distorção relevante.

Uma auditoria envolve a execução de procedimentos selecionados para obtenção de evidência a respeito dos valores e divulgações apresentados nas demonstrações contábeis. Os procedimentos selecionados dependem do julgamento do auditor, incluindo a avaliação dos riscos de distorção relevante nas demonstrações contábeis, independentemente se causada por fraude ou erro. Nessa avaliação de riscos, o auditor considera os controles internos relevantes para a elaboração e adequada apresentação das demonstrações contábeis da companhia para planejar os procedimentos de auditoria que são apropriados nas circunstâncias, mas não para fins de expressar uma opinião sobre a eficácia desses controles internos da companhia.[7] Uma auditoria inclui, também, a avaliação da adequação das práticas contábeis utilizadas e a razoabilidade das estimativas contábeis feitas pela administração, bem como a avaliação da apresentação das demonstrações contábeis tomadas em conjunto.

Acreditamos que a evidência de auditoria obtida é suficiente e apropriada para fundamentar nossa opinião com ressalva.

Base para opinião com ressalva

O investimento da companhia ABC na empresa XYZ, uma coligada estrangeira adquirida durante o exercício e contabilizada pelo método de equivalência patrimonial, está registrado por $ xxx no balanço patrimonial em 31 de dezembro de 20X1, e a participação da companhia ABC no lucro líquido da empresa XYZ de $ xxx está incluído no resultado do exercício findo em 31 de dezembro de 20X1 da companhia ABC. Não nos foi possível obter evidência de auditoria apropriada e suficiente sobre o valor contábil do investimento da companhia ABC na empresa XYZ em 31 de dezembro de 20X1 e da participação dela no lucro líquido da investida XYZ em razão de não termos tido acesso às informações contábeis, à administração e aos auditores da Empresa XYZ. Consequentemente, não nos foi possível determinar se havia necessidade de ajustar esses valores.

Opinião com ressalva

Em nossa opinião, exceto pelos possíveis efeitos do assunto descrito no parágrafo base para opinião com ressalva, as demonstrações contábeis acima referidas apresentam adequadamente, em todos os aspectos relevantes, a posição patrimonial e financeira da companhia ABC em 31 de dezembro de 20X1, o desempenho de suas operações e os seus fluxos de caixa para o exercício findo naquela data, de acordo com as práticas contábeis adotadas no Brasil.

[Local (localidade do escritório de auditoria que emitiu o relatório)]

[Data do relatório do auditor independente]

[Nome do auditor independente (pessoa física ou jurídica)]

[Nome do profissional (sócio ou responsável técnico, no caso de o auditor ser pessoa jurídica)]

[Números de registro no CRC da firma de auditoria e do profissional que assina o relatório]

[Assinatura do auditor independente]

(1) Título no plural em decorrência do uso mais frequente pelas firmas (pessoa jurídica), todavia deve ser adaptado às circunstâncias de auditor pessoa física.

(2) No caso de o relatório cobrir outros aspectos legais e regulatórios, seria necessário um subtítulo para especificar que essa primeira parte do relatório refere-se às demonstrações contábeis e, após a opinião sobre elas e eventuais parágrafos de ênfase e de outros assuntos, seria incluso outro subtítulo.

(3) Embora a estrutura conceitual para elaboração e apresentação de demonstrações contábeis utilizada no Brasil determine a apresentação de demonstrações contábeis de forma comparativa e a Lei das Sociedades Anônimas fale em apresentação dos valores correspondentes do exercício anterior, não existe nenhuma determinação legal que estabeleça que o relatório do auditor independente deva incluir também opinião sobre o ano anterior,

portanto, esta e as demais normas de auditoria que tratam da emissão de relatório adotam integralmente o modelo internacional em que o relatório cobre somente o ano corrente.

(4) No caso de também incluir demonstrações consolidadas, adaptar o texto, inclusive no que tange à inclusão da expressão "e controladas". De forma similar, caso o exame inclua outras demonstrações (exemplo, demonstração do valor adicionado), este parágrafo e o da opinião também devem ser adaptados.

(5) Ou outro termo que seja apropriado no contexto da estrutura legal específica. Para relatórios emitidos no Brasil sobre entidades brasileiras deve ser utilizada essa expressão.

(6) Adaptar no caso de auditor pessoa física ou firma individual.

(7) Nas circunstâncias em que o auditor também tem a responsabilidade de expressar uma opinião sobre a eficácia dos controles internos em conjunto com a auditoria das demonstrações contábeis, a redação dessa sentença seria como segue: "Nessas avaliações de risco, o auditor considera os controles internos relevantes para a elaboração e adequada apresentação das demonstrações contábeis da entidade para planejar procedimentos de auditoria que são apropriados nas circunstâncias".

Para ilustrar, apresentamos exemplos de parágrafos de ressalva por discordância de práticas contábeis.

Exemplo 1 — Ressalva por não realização de inventário físico

A companhia auditada não realizou inventário físico de seus estoques de produtos acabados existentes na data de 31 de dezembro de 200XA. Consequentemente, nossos exames de auditoria não foram suficientes para confirmar a existência de tais estoques avaliados em R$3.234.567 classificados no ativo circulante.

Exemplo 2 — Ressalva por não aplicar procedimento de circularização de clientes

A companhia auditada não autorizou o envio de cartas pedindo confirmação de saldo de duplicatas a receber de seus clientes. Consequentemente, nossos exames de auditoria não foram suficientes para confirmar a adequação do saldo de duplicatas a receber no montante de R$1.234.456 apresentados no ativo circulante.

Parecer adverso

O parecer adverso é emitido quando o auditor aplicou todos os procedimentos de auditoria na extensão que julgou necessário e encontrou alguma(s) discordância(s) de práticas contábeis que afetaram as demonstrações contábeis e desqualificaram o conjunto, o qual deixou de representar a situação patrimonial e financeira da empresa.

Nesse tipo de parecer, os parágrafos de identificação da responsabilidade dos administradores e auditores serão emitidos com a redação-padrão, em seguida serão emitidos os parágrafos de ressalva conforme mencionado anteriormente e o parágrafo de opinião com a menção das ressalvas e desqualificação das demonstrações contábeis.

Apresentamos a seguir exemplo extraído da NBC-TA-705.

Exemplo: relatório do auditor independente com opinião adversa devido à distorção relevante nas demonstrações contábeis.
As circunstâncias incluem o seguinte:

❏ auditoria de demonstrações contábeis consolidadas para fins gerais elaboradas pela administração da entidade de acordo com as normas internacionais de contabilidade;

- os termos do trabalho de auditoria refletem a descrição da responsabilidade da administração sobre as demonstrações contábeis na NBC-TA-210;
- as demonstrações contábeis apresentam distorções relevantes devido à não consolidação de uma subsidiária. A distorção é considerada relevante e generalizada nas demonstrações contábeis. Os efeitos da distorção sobre as demonstrações contábeis não foram determinados por não ser viável.

Relatório dos auditores independentes sobre as demonstrações contábeis[1]

[Destinatário apropriado][2]

Examinamos as demonstrações contábeis consolidadas da companhia ABC e suas subsidiárias, que compreendem o balanço patrimonial consolidado em 31 de dezembro de 20X1[3] e as respectivas demonstrações do resultado, das mutações do patrimônio líquido e dos fluxos de caixa[4] para o exercício findo naquela data, assim como o resumo das principais práticas contábeis e demais notas explicativas.

Responsabilidade da administração[5] **da companhia sobre as demonstrações contábeis consolidadas**

A administração da companhia é responsável pela elaboração e adequada apresentação dessas demonstrações contábeis consolidadas de acordo com as normas internacionais de relatório financeiro e pelos controles internos que ela determinou como necessários para permitir a elaboração de demonstrações contábeis consolidadas livres de distorção relevante, independentemente se causada por fraude ou erro.

Responsabilidade dos auditores independentes[6]

Nossa responsabilidade é a de expressar uma opinião sobre essas demonstrações contábeis consolidadas com base em nossa auditoria, conduzida de acordo com as normas brasileiras e internacionais de auditoria. Essas normas requerem o cumprimento de exigências éticas pelo auditor e que a auditoria seja planejada e executada com o objetivo de obter segurança razoável de que as demonstrações contábeis consolidadas estão livres de distorção relevante.

Uma auditoria envolve a execução de procedimentos selecionados para obtenção de evidência a respeito dos valores e divulgações apresentados nas demonstrações contábeis consolidadas. Os procedimentos selecionados dependem do julgamento do auditor, incluindo a avaliação dos riscos de distorção relevante nas demonstrações contábeis, independentemente se causada por fraude ou erro. Nessa avaliação de riscos, o auditor considera os controles internos relevantes para a elaboração e adequada apresentação das demonstrações contábeis consolidadas da companhia para planejar os procedimentos de auditoria que são apropriados nas circunstâncias, mas não para fins de expressar uma opinião sobre a eficácia desses controles internos da Companhia.[7] Uma auditoria inclui, também, a avaliação da adequação das práticas contábeis utilizadas e a razoabilidade das estimativas contábeis feitas pela administração, bem como a avaliação da apresentação das demonstrações contábeis consolidadas tomadas em conjunto.

Acreditamos que a evidência de auditoria obtida é suficiente e apropriada para fundamentar nossa opinião adversa.

Base para opinião adversa

Conforme explicado na nota X, a companhia não consolidou as demonstrações contábeis da controlada XYZ, que foi adquirida durante 20X1, devido não ter sido possível determinar os valores justos de certos ativos e passivos relevantes dessa controlada na data da aquisição. Esse investimento, portanto, está contabilizado com base no custo. De acordo com as normas internacionais de relatório financeiro, a controlada deveria ter sido consolidada. Se a controlada XYZ tivesse sido consolidada, muitos elementos nas demonstrações contábeis teriam sido afetados de forma relevante. Os efeitos da não consolidação sobre as demonstrações contábeis não foram determinados.

Opinião adversa

Em nossa opinião, devido à importância do assunto discutido no parágrafo base para opinião adversa, as demonstrações contábeis consolidadas não apresentam adequadamente a posição patrimonial e financeira consolidada da companhia ABC e suas controladas em 31 de dezembro de 20X1, o desempenho consolidado das suas operações e os fluxos de caixa consolidados para o exercício findo em 31 de dezembro de 20X1 de acordo com as normas internacionais de relatório financeiro.

[Local (localidade do escritório de auditoria que emitiu o relatório)]
[Data do relatório do auditor independente]
[Nome do auditor independente (pessoa física ou jurídica)]
[Nome do profissional (sócio ou responsável técnico, no caso de o auditor ser pessoa jurídica)]
[Números de registro no CRC da firma de auditoria e do profissional que assina o relatório]
[Assinatura do auditor independente]

(1) Título no plural em decorrência do uso mais frequente pelas firmas (pessoa jurídica), todavia deve ser adaptado às circunstâncias de auditor pessoa física.

(2) No caso de o relatório cobrir outros aspectos legais e regulatórios, seria necessário um subtítulo para especificar que essa primeira parte do relatório refere-se às demonstrações contábeis e, após a opinião sobre elas e eventuais parágrafos de ênfase e de outros assuntos, seria incluso outro subtítulo.

(3) Embora a estrutura conceitual para elaboração e apresentação de demonstrações contábeis utilizada no Brasil determine a apresentação de demonstrações contábeis de forma comparativa e a Lei das Sociedades Anônimas fale em apresentação dos valores correspondentes do exercício anterior, não existe nenhuma determinação legal que estabeleça que o relatório do auditor independente deva incluir também opinião sobre o ano anterior, portanto, esta e as demais normas de auditoria que tratam da emissão de relatório adotam integralmente o modelo internacional em que o relatório cobre somente o ano corrente.

(4) Adaptar este parágrafo e o da opinião caso sejam inclusas outras demonstrações.

(5) Ou outro termo que seja apropriado no contexto da estrutura legal específica. Para relatórios emitidos no Brasil sobre entidades brasileiras deve ser utilizada essa expressão.

(6) Adaptar no caso de auditor pessoa física ou firma individual.

(7) Nas circunstâncias em que o auditor também tem a responsabilidade de expressar uma opinião sobre a eficácia dos controles internos em conjunto com a auditoria das demonstrações contábeis, a redação dessa sentença seria como segue: "Nessas avaliações de risco, o auditor considera os controles internos relevantes para a elaboração e adequada apresentação das demonstrações contábeis da entidade para planejar procedimentos de auditoria que são apropriados nas circunstâncias".

Parecer com abstenção de opinião

O parecer com abstenção é emitido quando o auditor não aplicou todos os procedimentos de auditoria na extensão que julgou necessário e não conseguiu formar opinião sobre algum item das demonstrações contábeis e que devido à relevância dos mesmos não conseguiu formar opinião sobre o conjunto das demonstrações contábeis e, portanto, não emitirá qualquer opinião.

Apresentamos a seguir exemplo extraído da NBC-TA-705.

Exemplo: relatório do auditor independente com abstenção de opinião devido à impossibilidade de obter evidência de auditoria apropriada e suficiente sobre um único elemento das demonstrações contábeis.
As circunstâncias incluem o seguinte:

- auditoria do conjunto completo de demonstrações contábeis para fins gerais elaboradas pela administração da entidade de acordo com as práticas contábeis adotadas no Brasil;
- os termos do trabalho de auditoria refletem a descrição da responsabilidade da administração pelas demonstrações contábeis na NBC-TA-210;
- o auditor não teve condições de obter evidência de auditoria apropriada e suficiente sobre um único elemento (extremamente relevante) das demonstrações contábeis, ou seja, o auditor também não conseguiu obter evidência de auditoria apropriada e suficiente sobre as informações financeiras de um investimento conjunto que representa mais de 90% do patrimônio líquido da empresa. Os possíveis efeitos dessa impossibilidade de obter evidência de auditoria apropriada e suficiente são considerados relevantes e generalizados para as demonstrações contábeis.

RELATÓRIO DOS AUDITORES INDEPENDENTES SOBRE AS DEMONSTRAÇÕES CONTÁBEIS[1]

[Destinatário apropriado][2]

Fomos contratados para examinar as demonstrações contábeis da companhia ABC, que compreendem o balanço patrimonial em 31 de dezembro de 20X1[3] e as respectivas demonstrações[4] do

SÉRIE GESTÃO FINANCEIRA, CONTROLADORIA E AUDITORIA

resultado, das mutações do patrimônio líquido e dos fluxos de caixa para o exercício findo naquela data, assim como o resumo das principais práticas contábeis e demais notas explicativas.

Responsabilidade da administração[5] da companhia sobre as demonstrações contábeis

A administração da companhia é responsável pela elaboração e adequada apresentação dessas demonstrações contábeis de acordo com as práticas contábeis adotadas no Brasil e pelos controles internos que ela determinou como necessários para permitir a elaboração de demonstrações contábeis livres de distorção relevante, independentemente se causada por fraude ou erro.

Responsabilidade dos auditores independentes[6]

Nossa responsabilidade é a de expressar uma opinião sobre essas demonstrações contábeis com base em nossa auditoria, conduzida de acordo com as normas brasileiras e internacionais de auditoria. Em decorrência do assunto descrito no parágrafo base para abstenção de opinião, não nos foi possível obter evidência de auditoria apropriada e suficiente para fundamentar nossa opinião de auditoria.

Base para abstenção de opinião

O investimento da empresa no empreendimento XYZ (localizado no país X e cujo controle é mantido de forma compartilhada) está registrado por $ xxx no balanço patrimonial da companhia ABC, que representa mais de 90% do seu patrimônio líquido em 31 de dezembro de 20X1.

Não nos foi permitido o acesso à administração e aos auditores da XYZ, incluindo a documentação de auditoria do auditor da XYZ. Consequentemente, não nos foi possível determinar se havia necessidade de ajustes em relação à participação proporcional da companhia nos ativos da XYZ, que ela controla em conjunto, assim como sua participação proporcional nos passivos da XYZ pelos quais ela é responsável em conjunto, e sua participação proporcional nas receitas, despesas e nos elementos componentes das demonstrações das mutações do patrimônio líquido e dos fluxos de caixa do exercício findo naquela data.

Abstenção de opinião

Devido à relevância do assunto descrito no parágrafo base para abstenção de opinião, não nos foi possível obter evidência de auditoria apropriada e suficiente para fundamentar nossa opinião de auditoria. Consequentemente, não expressamos uma opinião sobre as demonstrações contábeis acima referidas.

[Local (localidade de escritório de auditoria que emitiu o relatório)]
[Data do relatório do auditor independente]
[Nome do auditor independente (pessoa física ou jurídica)]
[Nome do profissional (sócio ou responsável técnico, no caso de o auditor ser pessoa jurídica)]
[Números de registro no CRC da firma de auditoria e do profissional que assina o relatório]
[Assinatura do auditor independente]

(1) Título no plural em decorrência do uso mais frequente pelas firmas (pessoa jurídica), todavia deve ser adaptado às circunstâncias de auditor pessoa física.

(2) No caso de o relatório cobrir outros aspectos legais e regulatórios, seria necessário um subtítulo para especificar que essa primeira parte do relatório refere-se às demonstrações contábeis e, após a opinião sobre elas e eventuais parágrafos de ênfase e de outros assuntos, seria incluso outro subtítulo.

(3) Embora a estrutura conceitual para elaboração e apresentação de demonstrações contábeis utilizada no Brasil determine a apresentação de demonstrações contábeis de forma comparativa

e a Lei das Sociedades Anônimas fale em apresentação dos valores correspondentes do exercício anterior, não existe nenhuma determinação legal que estabeleça que o relatório do auditor independente deva incluir também opinião sobre o ano anterior, portanto, esta e as demais normas de auditoria que tratam da emissão de relatório adotam integralmente o modelo internacional em que o relatório cobre somente o ano corrente.

(4) No caso de também incluir demonstrações consolidadas, adaptar o texto, inclusive no que tange à inclusão da expressão "e controladas". De forma similar, caso o exame inclua outras demonstrações (exemplo, demonstração do valor adicionado), este parágrafo também deve ser adaptado.

(5) Ou outro termo que seja apropriado no contexto da estrutura legal específica. Para relatórios emitidos no Brasil sobre entidades brasileiras deve ser utilizada essa expressão.

(6) Adaptar no caso de auditor pessoa física ou firma individual.

Parágrafo de ênfase

O parágrafo de ênfase deve ser emitido quando o auditor toma conhecimento de fatos que não representam discordância das práticas contábeis aplicadas nem limitação na extensão do exame, portanto não são ressalvas, mas afetam a análise e interpretação das demonstrações contábeis. Geralmente, são fatos que possam afetar a continuidade da empresa, tais como prejuízos relevantes, problemas de liquidez, dificuldades mercadológicas, administrativas, tecnológicas.

A NBC-TA-706 (Parágrafos de Ênfase e Parágrafos de Outros Assuntos no Relatório do Auditor Independente) apresenta os seguintes tipos de parágrafo que podem ser incluídos no relatório do auditor independente.

Parágrafo de ênfase é o parágrafo incluído no relatório de auditoria referente a um assunto apropriadamente apresentado ou divulgado nas demonstrações contábeis que, de acordo com o julgamento do auditor, é de tal importância, que é fundamental para o entendimento pelos usuários das demonstrações contábeis.

Parágrafos de outros assuntos é o parágrafo incluído no relatório de auditoria que se refere a um assunto não apresentado ou não divulgado nas demonstrações contábeis e que, de acordo com o julgamento do auditor, é relevante para os usuários entenderem a auditoria, a responsabilidade do auditor ou o relatório de auditoria.

Exemplos de circunstâncias em que o auditor pode considerar necessário incluir um parágrafo de ênfase são:

❑ existência de incerteza relativa ao desfecho futuro de litígio excepcional ou ação regulatória;

❑ aplicação antecipada (quando permitido) de nova norma contábil (por exemplo, nova prática contábil introduzida pelo Conselho Federal de Contabilidade — CFC) com efeito disseminado de forma generalizada nas demonstrações contábeis, antes da sua data de vigência;

❑ grande catástrofe que tenha tido, ou continue a ter, efeito significativo sobre a posição patrimonial e financeira da entidade.

Quando o auditor incluir um parágrafo de ênfase no relatório, ele deve:

❑ incluí-lo imediatamente após o parágrafo de opinião no relatório do auditor;

❑ usar o título "Ênfase" ou outro título apropriado;

❑ incluir no parágrafo uma referência clara ao assunto enfatizado e à nota explicativa que descreva de forma completa o assunto nas demonstrações contábeis; e

- indicar que a opinião do auditor não se modifica no que diz respeito ao assunto enfatizado.

A NBC-TA-570 (Continuidade Operacional) define as situações em que se torna necessária a emissão de parágrafo de ênfase quanto a ameaças à continuidade das atividades operacionais da empresa auditada, conforme apresentado a seguir.

Financeiro:

- patrimônio líquido negativo (passivo a descoberto);
- empréstimos com prazo fixo, próximos do vencimento, sem previsões realistas de renovação ou liquidação; ou utilização excessiva de empréstimos de curto prazo para financiar ativos de longo prazo;
- indicações de retirada de suporte financeiro por credores;
- fluxos de caixa operacionais negativos indicados por demonstrações contábeis históricas ou prospectivas;
- principais índices financeiros adversos;
- prejuízos operacionais significativos ou deterioração significativa do valor dos ativos usados para gerar fluxos de caixa;
- atraso ou suspensão de dividendos;
- incapacidade de pagar credores nas datas de vencimento;
- incapacidade de cumprir com os termos contratuais de empréstimo;
- mudança nas condições de pagamento a fornecedores, de compras a prazo para pagamento à vista;
- incapacidade de obter financiamento para o desenvolvimento de novos produtos essenciais ou outros investimentos essenciais.

Operacional:

- intenções da administração de liquidar a entidade ou interromper as operações;
- perda de pessoal chave da administração sem reposição;

- perda de mercado importante, clientes importantes, franquia, licença ou principais fornecedores;
- dificuldades na manutenção de mão de obra;
- falta de suprimentos importantes;
- surgimento de concorrente altamente competitivo.

Outros:

- descumprimento de exigências de capital, incluindo outras exigências legais;
- processos legais ou regulatórios pendentes contra a entidade que podem, no caso de perda, resultar em indenização que a entidade provavelmente não terá capacidade de saldar;
- mudanças de legislação, regulamentação ou política governamental, que supostamente afetam a entidade de maneira adversa;
- catástrofe não segurada ou segurada por valor inferior, quando de sua ocorrência.

Exemplo de relatório de auditoria que inclui parágrafo de ênfase. As circunstâncias incluem:

- auditoria de conjunto completo de demonstrações contábeis elaborados pela administração da entidade, em conformidade com as práticas contábeis adotadas no Brasil;
- os termos do trabalho de auditoria refletem a descrição da responsabilidade da administração pelas demonstrações contábeis na NBC-TA-210;
- há incerteza relativa a um assunto litigioso excepcional;
- um desvio da estrutura de relatório financeiro aplicável resultou em uma opinião com ressalva;
- além da auditoria das demonstrações contábeis, o auditor pode ter outras responsabilidades exigidas pela lei local. No Brasil inexiste tal responsabilidade, uma vez que as normas

do CFC são de âmbito nacional, portanto, não considerado no exemplo.

RELATÓRIO DOS AUDITORES INDEPENDENTES[1] SOBRE AS DEMONSTRAÇÕES CONTÁBEIS

[Destinatário apropriado][2]

Examinamos as demonstrações contábeis da companhia ABC, que compreendem o balanço patrimonial em 31 de dezembro de 20X1[3] e as respectivas demonstrações[4] do resultado, das mutações do patrimônio líquido e dos fluxos de caixa para o exercício findo naquela data, assim como o resumo das principais práticas contábeis e demais notas explicativas.

Responsabilidade da administração da companhia pelas demonstrações contábeis[5]

A administração da companhia é responsável pela elaboração e adequada apresentação dessas demonstrações contábeis de acordo com as práticas contábeis adotadas no Brasil, e pelos controles internos que ela determinou como necessários para permitir a elaboração de demonstrações contábeis livres de distorção relevante, independentemente se causada por fraude ou erro.

Responsabilidade dos auditores independentes[6]

Nossa responsabilidade é a de expressar uma opinião sobre essas demonstrações contábeis com base em nossa auditoria, conduzida de acordo com as normas brasileiras e internacionais de auditoria. Essas normas requerem o cumprimento de exigências éticas pelos auditores e que a auditoria seja planejada e executada com o objetivo de obter segurança razoável de que as demonstrações contábeis estão livres de distorção relevante.

Uma auditoria envolve a execução de procedimentos selecionados para obtenção de evidência a respeito dos valores e divulgações apresentados nas demonstrações contábeis. Os procedimentos selecionados dependem do julgamento do auditor, incluindo a avaliação dos riscos de distorção relevante das demonstrações contábeis, independentemente se causada por fraude ou erro. Nessa avaliação de riscos, o auditor considera os controles internos relevantes para a elaboração e adequada apresentação das demonstrações contábeis da companhia para planejar os procedimentos de auditoria que são apropriados nas circunstâncias, mas não para fins de expressar uma opinião sobre a eficácia desses controles internos da companhia.[7] Uma auditoria inclui, também, a avaliação da adequação das práticas contábeis utilizadas e a razoabilidade das estimativas contábeis feitas pela administração, bem como a avaliação da apresentação das demonstrações contábeis tomadas em conjunto.

Acreditamos que a evidência de auditoria obtida é suficiente e apropriada para fundamentar nossa opinião de auditoria com ressalva.

Base para opinião com ressalva

As aplicações financeiras em títulos e valores mobiliários destinadas à negociação da companhia estão apresentadas no balanço patrimonial por $ xxx. A administração não ajustou essas aplicações ao valor de mercado na data do balanço, ao invés disso, apresentou tais aplicações pelo valor de custo, o que constitui um desvio em relação às práticas contábeis adotadas no Brasil. Os registros da companhia indicam que, se a administração tivesse apresentado essas aplicações ao valor de mercado, a companhia teria reconhecido a perda não realizada de $ xxx na demonstração do resultado para o exercício findo em .... O valor contábil das aplicações em títulos e valores mobiliários no balanço patrimonial teria sido reduzido no mesmo valor em 31 de dezembro de 20X1 e o resultado líquido, assim como o patrimônio líquido, teriam sido reduzidos em \$ xxx e \$ yyy, respectivamente, após os efeitos tributários.

Opinião com ressalva

Em nossa opinião, exceto pelos efeitos do assunto descrito no parágrafo base para a opinião com ressalva, as demonstrações contábeis acima referidas apresentam adequadamente, em todos os aspectos relevantes, a posição patrimonial e financeira da companhia ABC em 31 de dezembro de 20X1, o desempenho de suas operações e os seus fluxos de caixa para o exercício findo naquela data, de acordo com as práticas contábeis adotadas no Brasil.

Ênfase

Chamamos a atenção para a nota X às demonstrações contábeis, que descreve a incerteza[8] relacionada com o resultado da ação judicial movida contra a companhia pela empresa XYZ. Nossa opinião não contém ressalva relacionada a esse assunto.

[Local (localidade do escritório de auditoria que emitiu o relatório)]
[Data do relatório do auditor independente]
[Nome do auditor independente (pessoa física ou jurídica)]
[Nome do profissional (sócio ou responsável técnico, no caso de o auditor ser pessoa jurídica)]
[Números de registro no CRC da firma de auditoria e do profissional que assina o relatório]
[Assinatura do auditor independente]

(1) Título no plural em decorrência do uso mais frequente pelas firmas (pessoa jurídica), todavia deve ser adaptado às circunstâncias de auditor pessoa física.
(2) No caso de o relatório cobrir outros aspectos legais e regulatórios, é necessário um subtítulo para especificar que essa primeira

parte do relatório refere-se às demonstrações contábeis e, após a opinião sobre elas e eventuais parágrafos de ênfase e de outros assuntos, seria incluso outro subtítulo.

(3) Embora a estrutura conceitual para elaboração e apresentação de demonstrações contábeis utilizada no Brasil determine a apresentação de demonstrações contábeis de forma comparativa e a Lei das Sociedades Anônimas fale em apresentação dos valores correspondentes do exercício anterior, não existe nenhuma determinação legal que estabeleça que o relatório do auditor independente deva incluir também opinião sobre o ano anterior, portanto, esta e as demais normas de auditoria que tratam da emissão de relatório adotam integralmente o modelo internacional em que o relatório cobre somente o ano corrente.

(4) No caso de também incluir demonstrações consolidadas, adaptar o texto, inclusive no que tange à inclusão da expressão "e controladas". De forma similar, caso o exame inclua outras demonstrações (exemplo, demonstração do valor adicionado), este parágrafo e o da opinião também devem ser adaptados.

(5) Ou outro termo que seja apropriado no contexto da estrutura legal específica. Para relatórios emitidos no Brasil sobre entidades brasileiras deve ser utilizada essa expressão.

(6) Adaptar no caso de auditor pessoa física ou firma individual.

(7) Nas circunstâncias em que o auditor também tem a responsabilidade de expressar uma opinião sobre a eficácia dos controles internos em conjunto com a auditoria das demonstrações contábeis, a redação dessa sentença seria como segue: "Nessas avaliações de risco, o auditor considera os controles internos relevantes para a elaboração e adequada apresentação das demonstrações contábeis da entidade para planejar procedimentos de auditoria que são apropriados nas circunstâncias".

(8) Ao destacar a incerteza, o auditor usa a mesma terminologia usada na nota às demonstrações contábeis.

Para ilustrar, segue exemplo de parágrafo de ênfase por ameaça à continuidade por prejuízos sucessivos.

A companhia tem sofrido contínuos prejuízos, principalmente em função de seu endividamento financeiro em moeda estrangeira. A administração da companhia vem, desde 20XA, implementando medidas de equacionamento financeiro, conforme comentado na nota explicativa número 1, objetivando equilibrar o seu nível de endividamento. As presentes demonstrações contábeis foram preparadas no pressuposto do sucesso desse plano de equacionamento financeiro, conforme práticas contábeis descritas na nota explicativa número 3, e não incluem quaisquer ajustes, relativos à realização e classificação de ativos ou quanto aos valores e classificação de passivos, que seriam necessários no caso de insucesso desse plano.

O parecer pode ser emitido com a combinação das características de mais de um tipo de parecer. Por exemplo, pode ser emitido: parecer limpo com parágrafo de ênfase; parecer com ressalvas por discordância e por limitação; parecer com ressalvas e com parágrafo de ênfase.

Situações especiais

De acordo com o CFC, existem duas situações que impedem o auditor de emitir um parecer sem ressalvas: quando houver limitação no escopo de seus trabalhos (por parte da auditada) ou quando houver divergência entre auditor e auditada. A divergência pode ocorrer, por exemplo, no caso de o auditor entender que determinada informação deva ser divulgada da maneira "A" (no corpo das demonstrações, por exemplo) e a auditada entender que a divulgação deverá ocorrer da maneira "B" (em notas explicativas). Em casos assim, o auditor deverá ponderar o documento a ser emitido.

Considerações finais

Neste capítulo foram apresentados os tipos de parecer que podem ser emitidos pelos auditores independentes, com detalhes sobre o conteúdo, forma de redação e circunstâncias que exigem a emissão de cada tipo.

Conclusão

Neste livro foram abordados os principais aspectos relativos à auditoria das demonstrações contábeis. Entre eles foram destacados os órgãos responsáveis pela emissão das normas de auditoria, os requisitos para o exercício da profissão de auditor, as técnicas para desenvolvimento dos trabalhos e a forma de redação e o conteúdo dos relatórios.

A globalização da economia e o desenvolvimento das grandes corporações nacionais e internacionais exigem que as informações geradas pelas empresas sejam completas, confiáveis e úteis. Nesse contexto, os auditores desempenham papel fundamental, pois asseguram aos usuários de seus trabalhos a garantia de que as normas exigidas para o desempenho das atividades empresariais estejam sendo cumpridas ou evidenciando, em seus relatórios, situações em que elas tenham sido negligenciadas.

Como parte do processo de convergência das normas brasileiras de contabilidade para as normas internacionais de contabilidade, as normas brasileiras de auditoria também estão se adaptando às normas internacionais de auditoria emanadas da Confederação Internacional de Contabilidade exigindo que auditores e usuários das demonstrações contábeis atualizem seus conhecimentos para poderem exercer suas atividades nesse novo ambiente.

Em caso de questionamento sobre a qualidade do trabalho realizado pelos auditores, os mesmos deverão comprovar que desenvolveram seu trabalho de acordo com as normas de auditoria e apresentar provas que substanciem respostas afirmativas às questões a seguir.

Normas relativas à pessoa (equipe)
❏ A equipe de auditoria (sócio, gerente, sênior e assistentes) era competente para realizar o trabalho de auditoria?
❏ A equipe de auditoria (sócio, gerente, sênior e assistentes) havia sido devidamente treinada para ocupar seus cargos?
❏ A equipe era independente mentalmente em relação ao trabalho?
❏ Todos os membros da equipe executaram suas funções com o devido zelo profissional?

Normas relativas à execução do trabalho
❏ O planejamento do trabalho foi devidamente efetuado e documentado?
❏ O trabalho da equipe foi supervisionado e teve sua qualidade controlada?
❏ O controle interno da empresa foi devidamente avaliado e testado?
❏ Os papéis de trabalho contêm evidências de todo o trabalho executado e constituem suporte adequado para o parecer emitido?

Normas relativas ao relatório
❏ O parecer identifica as demonstrações contábeis auditadas e a responsabilidade do auditor e da administração?

- ❏ O trabalho de auditoria foi realizado na extensão julgada necessária nas circunstâncias sem que houvesse restrição que prejudicasse a aplicação das normas de auditoria?
- ❏ As demonstrações contábeis auditadas estão de acordo com as práticas contábeis adotadas no Brasil?

Acreditamos que as informações apresentadas neste livro sejam suficientes para que os leitores identifiquem a importância da auditoria das demonstrações contábeis a fim de assegurar a credibilidade das informações que serão utilizadas pelos usuários para tomada de decisão quanto a investimento nas empresas, avaliação do desempenho da gestão, concessão de créditos ou participação em concorrências públicas.

Referências

ALMEIDA, Marcelo Cavalcanti. *Auditoria*: um curso moderno e completo. 5. ed. São Paulo: Atlas, 1996.

ARIMA, Carlos Hideo; SANTOS, José Luiz dos; SCHMIDT, Paulo. *Fundamentos de auditoria de sistemas*. São Paulo: Atlas, 2006. v. 9.

ATTIE, William. *Auditoria*: conceitos e aplicações. 3. ed. São Paulo: Atlas, 1998.

BOYNTON, William C.; JOHNSON, Raymond N.; KELL, Walter G. *Auditoria*. São Paulo: Atlas, 2002.

BRASIL. Lei nº 6.404, de 15 de dezembro de 1976. Dispõe sobre as sociedades por ações.

CRC/SP (Conselho Regional de Contabilidade). *Curso básico de auditoria*: normas e procedimentos. 2. ed. São Paulo: Atlas, 1992.

FERNANDES, Antonio Miguel. *Auditoria básica*. Rio de Janeiro: FGV, 2000.

FERREIRA, Ricardo J. *Auditoria*. Rio de Janeiro: Ferreira, 2002.

FIPECAFI (Fundação Instituto de Pesquisas Contábeis, Atuariais e Financeiras). *Manual de contabilidade por ações.* 5. ed. São Paulo: Atlas, 2000.

IBRACON (Instituto Brasileiro de Contadores). *Normas Brasileiras de Contabilidade.* 2. ed. São Paulo: Atlas, 1992.

IMONIANA, Joshua Onome. *Auditoria de sistemas de informação.* São Paulo: Atlas, 2005.

PEREZ JR., José Hernandez. *Auditoria de demonstrações contábeis.* 3. ed. São Paulo: Atlas, 2004.

_____; BEGALI, Glaucos Antonio. *Elaboração das demonstrações contábeis.* 2. ed. São Paulo: Atlas, 1999.

SILVA FILHO, Antônio Mendes da. *Segurança da informação*: sobre a necessidade de proteção de sistemas de informações. 2004.

Apêndice: NBC-P-1.2

1.2.2.1 A condição de independência é fundamental e óbvia para o exercício da atividade de auditoria independente. Entende-se como independência o estado no qual as obrigações ou os interesses da entidade de auditoria são, suficientemente, isentos dos interesses das entidades auditadas para permitir que os serviços sejam prestados com objetividade. Em suma, é a capacidade que a entidade de auditoria tem de julgar e atuar com integridade e objetividade, permitindo a emissão de relatórios ou pareceres imparciais em relação à entidade auditada, aos acionistas, aos sócios, aos quotistas, aos cooperados e a todas as demais partes que possam estar relacionadas com o seu trabalho.

1.2.2.2 A independência exige:

independência de pensamento — postura que permite expressar uma opinião sem ser afetado por influências que comprometem o julgamento profissional, permitindo à pessoa agir com integridade, objetividade e ceticismo profissional;

aparência de independência — evitar fatos ou circunstâncias significativos a ponto de um terceiro bem informado, tendo conhecimento de todas as informações pertinentes, incluindo as salvaguardas aplicadas, concluir dentro do razoável que a integridade, a objetividade ou o ceticismo profissional de uma entidade de auditoria ou de um membro da equipe de auditoria ficaram comprometidos.

1.2.2.3 Independência pode ser afetada por ameaças de interesse próprio, autorrevisão, defesa de interesses da entidade auditada, familiaridade e intimidação.

1.2.2.4 Ameaça de interesse próprio ocorre quando uma entidade de auditoria ou um membro da equipe de auditoria poderia auferir benefícios de um interesse financeiro da entidade auditada, ou outro conflito de interesse próprio com essa entidade auditada.

1.2.2.5 Ameaça de autorrevisão ocorre quando o resultado de um trabalho anterior precisa ser reanalisado ao serem tiradas conclusões sobre o trabalho de auditoria ou quando um membro da equipe de auditoria era, anteriormente, administrador ou diretor da entidade auditada, ou era um funcionário cujo cargo lhe permitia exercer influência direta e importante sobre o objeto de trabalho de auditoria.

1.2.2.6 Ameaça de defesa de interesses da entidade auditada ocorre quando a entidade de auditoria ou um membro da equipe de auditoria defendem ou parecem defender a posição ou opinião da entidade auditada, a ponto de poderem comprometer ou de darem a impressão de comprometer a objetividade. Pode ser o caso da entidade de auditoria ou membro da equipe de auditoria que subordina seu julgamento ao da entidade auditada.

1.2.2.7 Ameaça de familiaridade ocorre quando, em virtude de um relacionamento estreito com uma entidade auditada, com seus administradores, com diretores ou com funcionários, uma entidade de auditoria ou membro da equipe de auditoria passa a se identificar, demasiadamente, com os interesses da entidade auditada.

1.2.2.8 Ameaça de intimidação ocorre quando um membro da equipe de auditoria encontra obstáculos para agir, objetivamente, e com ceticismo profissional, devido a ameaças, reais ou percebidas, por parte de administradores, diretores ou funcionários de uma entidade auditada.

1.2.2.9 A entidade de auditoria e os membros da equipe de auditoria têm a responsabilidade de manter-se independentes, levando em conta o contexto em que exercem suas atividades, as ameaças à independência e as salvaguardas disponíveis para eliminar as ameaças ou reduzi-las a um nível aceitável.

1.2.2.10 Quando são identificadas ameaças, exceto aquelas claramente insignificantes, devem ser definidas e aplicadas salvaguardas adequadas para eliminar ou reduzi-la a um nível aceitável. Essa decisão deve ser documentada. A natureza das salvaguardas a aplicar varia conforme as circunstâncias. Sempre se deve considerar o que um terceiro bem informado, tendo conhecimento de todas as informações pertinentes, incluindo as salvaguardas aplicadas, concluiria, numa avaliação razoável, ser inaceitável. A consideração do auditor é afetada por questões como a importância da ameaça, da natureza do trabalho de auditoria, os usuários previstos do relatório e a estrutura da entidade de auditoria.

1.2.2.11 As entidades de auditoria devem instituir políticas e procedimentos relativos às comunicações de independência com organismos de governança da entidade auditada. No caso de auditoria de entidades registradas em bolsas de valores, a entidade de auditoria deve comunicar, formalmente, ao menos uma vez por ano, todos os relacionamentos e as outras questões entre a entidade auditada, que, de acordo com o julgamento profissional da entidade de auditoria, podem ser consideradas, em uma perspectiva razoável, como afetando a independência. Os assuntos a serem comunicados variam em cada caso e devem ser decididos pela entidade de auditoria, mas devem, em geral, tratar dos assuntos relevantes expostos nesta norma.

Os autores

José Hernandez Perez Junior

Mestre em controladoria e contabilidade estratégica pela Fundação Escola de Comércio Álvares Penteado e bacharel em ciências contábeis pela Faculdade de Ciências Econômicas de São Paulo. Foi auditor e consultor da PriceWaterhouseCoopers durante o período de 1981 a 1993. Atualmente é sócio-diretor da Hernandez & Associados Consultoria e Treinamento. Professor de diversas disciplinas relacionadas com a área contábil da FGV e das Faculdades Atibaia. É autor/coautor dos livros: *Auditoria de demonstrações contábeis — normas e procedimentos, Controladoria de gestão — teoria e prática, Conversão de demonstrações contábeis — Fasb Usgaap, Contabilidade avançada, Elaboração das demonstrações contábeis, Gestão estratégica de custos, Contabilidade de custos para não contadores, Manual de contabilidade tributária e Controladoria estratégica.*

Antonio Miguel Fernandes

Mestre em ciências contábeis pela Uerj. Especialista em contabilidade pela FGV e contador e administrador de empresas. Atua em auditoria (independente e interna) há mais de 25 anos e é professor universitário. Recentemente ocupou o cargo de superintendente da Área de Controle do BNDES. Ocupa atualmente o cargo de gerente de auditoria interna da mesma instituição. Conselheiro efetivo do CRC/RJ, ocupando o cargo de vice-presidente de Desenvolvimento Profissional, desde 2002. A partir de 2006 passou a presidente do CRC/RJ.

Antonio Ranha

Mestre em economia empresarial pela Universidade Candido Mendes (RJ), bacharel em ciências contábeis pela UGF. Tem realizado trabalhos de auditoria e consultoria, em médias e grandes empresas dos segmentos financeiro, comércio e indústria, prestação de serviços e terminais portuários. Possui Certificado Nacional de Auditor Independente (Cnai), para atuar em auditorias de companhias de capital aberto (CVM) e instituições financeiras (Bacen). Professor da FGV e diversas outras instituições de ensino em cursos de MBAs, pós-graduação e de educação profissional continuada ligados às áreas de auditoria, contabilidade, controladoria e tributos.

José Carlos Oliveira de Carvalho

Doutorando em administração pela FGV e mestre em ciências contábeis pela Uerj (área de concentração: auditoria). Especialista em docência superior pela Fabes, graduou-se em ciências contábeis pela UFRJ. Atualmente é auditor-geral e perito-chefe do departamento de perícias contábeis do Ministério

Público do Estado do Rio de Janeiro, cedido pelo Tribunal de Contas do Rio de Janeiro, onde é auditor concursado. Ocupou cargos de auditor fiscal, de oficial do Exército e de técnico em contabilidade na Prefeitura do Rio de Janeiro. É professor convidado do FGV Management e do CRC/RJ.

Este livro foi impresso nas oficinas gráficas da Editora Vozes Ltda.,
Rua Frei Luís, 100 – Petrópolis, RJ.